Gabriele Gfrerer, Cäcilia Höller

Das Kochbuch vom Kamut

Südwest

Inhalt

Kamutburger – ein leckerer und gesunder Pausensnack.

Bouillon mit Kamutklößchen, ein Rezept für kalte Tage.

Bunt, leicht und frisch: Kamut-Bulgur und Gemüse aus der Pfanne.

Flammeri mit Kamut – eine feine Nachspeise, die schnell zubereitet ist.

Gedeckter Apfelkuchen mit Kamut – saftig und aromatisch.

Kamut, der Weizen aus dem alten Ägypten

Nach altem ägyptischem Glauben wurde der Mensch im Augenblick seines Todes zu einem Getreidekorn, das in die Erde fiel, um aus ihr heraus zu neuem Leben zu erwachen.

Mit Kamut, dem Kornschatz der Pharaonen, betritt eine Rarität die heimische Backwarenlandschaft. Der uralte Verwandte des heutigen Hartweizens war schon vor 6000 Jahren das Brotgetreide der Ägypter und damit Grundnahrungsmittel einer der ersten Hochkulturen.

Die rasanten Entwicklungen in der Gentechnik haben das Interesse der Konsumenten an ursprünglichen, naturbelassenen Lebensmitteln geweckt. Längst vergessene Getreidearten werden wieder entdeckt und entsprechen durch ihre Ursprünglichkeit voll dem Trend zu hochwertigen Bioprodukten. Kamut hat die Jahrtausende unbeschadet überstanden: Er wurde weder mit anderen Sorten gekreuzt noch gentechnisch oder züchterisch verändert und wird ausschließlich kontrolliert biologisch nach den strengen Richtlinien der Kamut Association sowie nach EU-VO 2092/91 angebaut. Dadurch konnte er seine ursprünglichen Eigenschaften bis heute bewahren. Die Registrierung als weltweite Schutzmarke garantiert für Sie die Echtheit und Unverfälschtheit dieses einmaligen Getreides. Was liegt also näher, als diesen Urweizen auch in den Speiseplan einer Zivilisation aufzunehmen, die den Trend zu ernährungsphysiologisch hochwertigen Nahrungsmitteln erkannt hat. Die Vorzüge von Kamut liegen in seinem hohen Proteingehalt, seinen hochwertigen Mineralien, dem hohen Anteil an mehrfach ungesättigten Fettsäuren und seinem hohen Gehalt an natürlichem Selen, dem lebensnotwendigen Spurenelement.

Mit dem milden, leicht nussigen Geschmack von Kamut erleben Sie, wie gut Gesundheit schmecken kann. Vor allem Kinder werden so zu echten Naturkostfans. Kamutprodukte sind leicht verträglich und viele Weizenallergiker haben Kamut als echte Alternative zu herkömmlichem Weizen für sich entdeckt.

Überzeugen Sie sich selbst von der Vielseitigkeit dieses Urweizens. Gönnen Sie sich und Ihren Lieben wahre Gaumenfreuden mit dem »pharaonischen« Geschmack von Kamut.

Gutes Gelingen wünscht Ihnen
Konrad Kianek
MÜHLE KIANEK

Das goldene Korn

Kamut ist ein uralter Verwandter des heutigen Hartweizens (Triticum durum) und stammt aus den fruchtbaren Gebieten zwischen Euphrat und Tigris, wo er schon vor Jahrtausenden angebaut wurde. Die Ägypter der Antike kultivierten es im Niltal. Für sie war Kamut das »goldene Korn«, wohl wegen seines Nährstoffreichtums und seiner vielseitigen Verwendbarkeit. Schließlich sicherte dieses Getreide die Ernährung der Bevölkerung vor Tausenden von Jahren.

Mit dem Niedergang der Hochkultur am Nil geriet der Kamut nahezu in Vergessenheit. Nur in wenigen Regionen und in geringen Mengen wurde er bis zur Mitte unseres Jahrhunderts noch angebaut. Wegen seiner dicken Spelzen war er dann für die moderne Landwirtschaft zu arbeitsaufwändig und wurde von anderen Weizenarten verdrängt. Erst durch das neu erwachte Interesse an nicht durch Züchtung verändertem Pflanzenmaterial und an unverfälschten Lebensmitteln wurde das antike Getreide Kamut – ähnlich wie der Dinkel – wieder entdeckt und hat Einzug in die moderne Ernährung gefunden.

Wieder entdeckt in Übersee

Die ökologisch arbeitenden Getreidebauern in den USA waren als Erste begeistert davon, wie hohe Erträge sich mit dieser Getreidesorte ohne Einsatz von Kunstdünger und Pestiziden erzielen lassen. Auch bei uns ist Kamut in Mode gekommen. Vor allem in Naturkostläden und Reformhäusern trifft man immer häufiger auf Kamut, als Körner oder verarbeitet zu hochwertigen Produkten wie Nudeln, Grieß oder Couscous.

Wertvolle Inhaltsstoffe

Dieser im Vergleich mit Winterweizen zwei- bis dreimal so große Hartweizen mit den auffälligen schwarzen Grannen an den Ähren hat einen wesentlich besseren Nährwert als Weizen und ist sehr leicht verdaulich. Er enthält besonders viel hochwertiges Eiweiß, Mineralien und Vitamine. Beim Verzehr von etwa 200 Gramm Kamutbrot ist auch der Tagesbedarf am lebenswichtigen Spurenelement Selen gedeckt.

Wahrheit und Legende
Kamut und die Wissenschaft

Wissenschaftler aus den USA, Kanada, Italien, Israel und Russland haben diesen Weizen untersucht, jedoch wird die genaue Unterspezies, zu der Kamut gehört, immer noch diskutiert. Ein russischer Wissenschaftler glaubt, dass Kamut ein Durumweizen – der Hartweizen der

Dass die Kamutkörner tatsächlich in einer uralten Grabkammer bis in unsere Zeit überlebt haben, halten die Forscher mittlerweile für ein modernes Märchen. Wahrscheinlich wuchs das Getreide bis in unsere Zeit unbeachtet auf kleinen Äckern in Asien oder Südosteuropa.

Ägypter – sei. Andere wiederum sind der Meinung, dass Kamut sich aus einer Mischung von vielen verschiedenen Sorten gebildet hat, die von den Bauern der Urzeit aus Wildpflanzen gewonnen wurden.
Obwohl der wahre Ursprung und die exakte Zuordnung noch immer ungeklärt sind, besteht kein Zweifel am hervorragenden Geschmack, an den überragenden ernährungsphysiologischen Qualitäten und den geringen allergenen Eigenschaften des Kamut Urweizens.

Kamut in Ägypten

Vor rund 6000 Jahren wurden in Ägypten erstmals Fladen aus einem Gerste-Hirse-Brei geformt und auf erhitzten Steinen gebacken.
Der erste Schritt auf dem Weg vom Brei zum Brot war damit getan. Im fruchtbaren Niltal bauten die Ägypter 2000 Jahre später den ersten Weizen an und gaben ihm den Namen »Ka-moot«, was so viel bedeutet wie Seele der Erde.
Ka-moot, das Brotgetreide,

wurde als heilig verehrt und in großen Kornspeichern für Notzeiten gehortet.
Im Lauf der folgenden Jahrtausende entstehen durch Selektion (also

Kamutfeld in Nordamerika

durch das Vermehren der Pflanzen mit den größten Körnern, den stabilsten Halmen, der größten Widerstandsfähigkeit etc.) verschiedenster Wildgräser weltweit neue Weizensorten. Und die moderne Forschung bringt durch gezielte Kreuzungen – vor allem mit der Absicht der Ertragssteigerung – ständig neue Sorten hervor, leider auch auf Kosten von Nährwert, Geschmack und Umwelt.

Die Wiederentdeckung

Viele Jahrhunderte hindurch war Kamut verschollen. Der Legende nach (dass es eine solche ist, davon ist die Wissenschaft heute überzeugt) bekam 1949 ein amerikanischer Soldat eine Hand voll Getreidekörner von ungewöhnlicher Größe geschenkt, die angeblich aus einem 1948 entdeckten ägyptischen Königsgrab stammten. Der Soldat schickte die Körner seinem Vater, einem Farmer in Montana, der sie aussäte und eine kleine Menge Getreide erntete. Seinen Ertrag präsentierte er auf einem lokalen Landwirtschaftsfest als Sensation. Doch das Getreide fand damals keinen Anklang, und so geriet die geheimnisvolle Neuentdeckung wieder in Vergessenheit.

Kamut in Amerika

Erst 1977 machten sich zwei Weizenfarmer aus Montana, Mack Quinn und sein Sohn Robert, daran, das Getreide erneut auf den Markt zu bringen. Sie fanden ein übrig gebliebenes Musterglas. Die Familie Quinn verbrachte das nächste Jahrzehnt damit, diese seltsam aussehende Getreidesorte zu vermehren. Auf der Suche nach einem geeigneten Namen stießen sie auf das

Kamutähren mit langen Grannen

altägyptische Wort Ka-moot. 1990 schließlich wurde der Name Kamut als eingetragenes Warenzeichen der Kamut International Ltd. weltweit gesetzlich geschützt und vom amerikanischen Landwirtschaftsministerium als neue Sorte mit der Bezeichnung QK 77 anerkannt.

Fast gleichzeitig gründete sich auch die North American Kamut Organisation. Der europäische Ableger, die Kamut Association of Europe (KAE) hat sich unter anderem zum Ziel gesetzt, die Nutzung und Verbreitung von Kamut zu fördern, Verbraucherinformationen bereitzustellen und den biologischen Anbau zu unterstützen und auszuweiten. Momentan wird Kamut nur in klimatisch besonders dafür geeigneten Regionen Nordamerikas angebaut. Doch in Südeuropa sucht man schon nach geeigneten Anbauflächen.

Sechs gute Gründe für Kamut

Die Nährstoffanalyse von Kamut macht deutlich, dass er energiereicher ist als jede heute bekannte Weizensorte. Verglichen mit normalem Weizen weist er bei den meisten Mineralstoffen höhere Gehalte auf – beispielsweise bis zu 35 Prozent mehr Magnesium und Zink –, er enthält mehr essenzielle Aminosäuren, deutlich mehr an einfach und mehrfach ungesättigten Fettsäuren und um ein Vielfaches mehr an dem lebensnotwendigen Spurenelement Selen.

Bei der Zubereitung von Getreide tritt Selen ins Kochwasser über. Nehmen Sie also möglichst wenig Wasser und verwenden Sie das restliche Wasser für Saucen und Suppen.

9

Schutzelement Selen

Da unser Körper Selen nicht selbst produziert, muss es in ausreichender Menge mit der Nahrung zugeführt werden, wenn es nicht zu einer Beeinträchtigung der Gesundheit und des Wohlbefindens kommen soll. Selen vermindert gemeinsam mit den Vitaminen C, E und Beta-Karotin die Bildung von freien Radikalen, die bei der Entstehung von Herz- und Kreislauferkrankungen und einigen Krebsarten mit beteiligt sein können. Selen wird heute zu den wichtigsten Schutzstoffen in der Krebs- und Infarktabwehr gezählt.

Die intensive Bewirtschaftung laugt die Ackerböden aus, und das führt gemäß einer Studie dazu, dass 96 Prozent der Bevölkerung in Deutschland und Österreich zu wenig Selen zu sich nehmen. Der auf selenreichen amerikanischen Böden gewachsene Kamut – und nur solcher ist bei uns erhältlich – deckt aufgrund seines natürlichen Selengehalts von etwa 900 Mikrogramm pro Kilogramm schon bei einem Verzehr von täglich 200 Gramm Kamutbrot den Selen-Tagesbedarf.

Bei Reihenuntersuchungen in chinesischen Selenmangelgebieten stellte man fest, dass dort schon zehnjährige Kinder an Herzkrankheiten starben.

Wertvolles Eiweiß

Die auffälligste Besonderheit des Kamut Urweizens liegt aber in seinem hohen Eiweißgehalt und den hervorragenden Eigenschaften seines Eiweißes verborgen, enthält er doch bis zu 40 Prozent mehr Protein als normaler Weichweizen!

Alternative für Weizenallergiker

In einer Versuchsreihe zeigten 70 Prozent der getesteten Weizenallergiker keine oder nur eine verminderte allergische Reaktion gegenüber Kamut. Dennoch sollten Betroffene vor einer Ernährungsumstellung ihren Arzt zu Rate ziehen. Es gibt leider noch keine Forschungsergebnisse in Bezug auf Kamut und Glutenunverträglichkeit (Zöliakie). Für viele Weizenallergiker ist Kamut jedoch eine Alternative zu Weizen geworden.

Inhaltsstoffe	Weizen	Kamut
Energiewert (kcal/kJ pro 100 g)	348/1455	359/1500
Protein	12,3 %	17,3 %
Fett	1,9 %	2,6 %
Kohlenhydrate	70,5 %	66,7 %
Rohfaser	2,1 %	1,8 %
Mineralien (mg/100 g)		
Eisen	3,9	4,2
Kalium	400,0	446,0
Kalzium	30,0	31,0
Magnesium	117,0	153,0
Phosphor	396,0	411,0
Zink	3,2	4,3
Vitamine (mg/100 g)		
B1	0,42	0,45
B2	0,11	0,12
B6	0,35	0,08
E	1,20	1,70
Folsäure	0,04	0,04
Niazin	5,31	5,54
Pantothensäure	0,91	0,23
Fettsäuren (g/100 g)		
gesättigte	0,9	0,5
ungesättigte	1,0	2,1

Feiner Geschmack

Kamut bereichert viele Speisen mit seinem vollen Aroma und seinen wertvollen Inhaltsstoffen. Das Getreide der alten Ägypter lässt sich für süße und herzhafte Getreidegerichte, etwa Müsli, Brot, Gebäck und Kuchen, verwenden. Kamutnudeln können es in Bezug auf Biss und Geschmack mit den besten italienischen Hartweizennudeln aufnehmen. Aus Kamut gebackenes Vollkornbrot wird wunderbar mild, locker und bekömmlich. Fein gemahlen, eignet sich das Mehl für knusprigen Pizzateig, lockere Waffeln und köstlich leichte Frühstücks- und Pausenbrötchen, die mit den harten, schweren Vollkornteilchen aus anderen Mehlen nichts gemein haben. Selbst Kinder werden so zu Vollkornfans!

Kamut macht fit

Wegen seines hohen Anteils an hochwertigen Fettsäuren, seinen leicht verdaulichen Kohlenhydraten und dem hochwertigen Protein kann man Kamut auch als Hochenergiegetreide bezeichnen. Nicht nur Leistungssportler und Menschen mit einem energiebeanspruchenden Lebensstil, sondern gerade auch Kinder und ältere Menschen finden – wie jeder, der um hochwertige Nahrungsmittel bemüht ist – in Kamutprodukten eine wertvolle Ergänzung ihrer Ernährung. Übrigens wurde Kamut vor kurzem von dem bekannten »Vollwertpapst« David Goldbeck als eines der zehn besten Nahrungsmittel der Welt eingestuft.

Die Kamut-Küche

Backen mit Kamutmehl

Kamut eignet sich für Backwaren jeder Art. Dinkel- oder Weizenmehl kann teilweise oder ganz durch Kamutmehl ersetzt werden. Kamut ist ein hartes Korn und sollte sehr fein vermahlen werden, besonders für Kuchen und feines Kleingebäck. Kamut schmeckt milder als Weizen, leicht süßlich und sehr nussig. Das Mehl ist von heller, goldgelber Farbe. Durch den geringeren Ballaststoffanteil wird Kamutgebäck auch von Magen- und Darmempfindlichen gut vertragen. Durch die Eigenschaft der Stärke im Kamut werden Brot und Backwaren weniger schnell altbacken, sie bleiben lange frisch und locker.
Kamut besitzt einen höheren Proteingehalt und hat weniger Klebereiweiß als Weizen. Um die Backfähigkeit zu erhöhen, wird es bevorzugt mit Dinkel-, Weizen- oder Buchweizenmehl gemischt. Damit Kamutgebäck besonders locker wird, sollten Sie etwas mehr Hefe oder Backpulver verwenden als bei herkömmlichen Rezepten angegeben. Die Mengenangaben in unseren Rezepten gehen von frisch gemahlenem Vollkornkamutmehl aus.

Kamut ist ideal für »Vollkorneinsteiger«. Das Brot hat eine helle Farbe und schmeckt nicht so kräftig wie Weizen- oder Roggenvollkornbrot.

Wenn Sie Auszugsmehl aus Kamut verwenden, brauchen die Teige etwa ein Fünftel weniger Flüssigkeit.

Kamut darren

Für Getreidegerichte aus dem ganzen Korn können die Körner zuvor gedarrt werden. Durch diesen Prozess wird das Getreide sehr schmackhaft und durch die Umwandlung eines Teils der Stärke in Zucker leicht süßlich. Gedarrtes Getreide ist außerdem besser verdaulich. Darren kann man einfach im Backofen. Ganze Kamutkörner

verwendet man gekocht für Salate, als Beilage, für Aufläufe und zum Füllen von Gemüse.

Kamut keimen lassen

Kamutsprossen lassen sich, ebenso wie die so beliebten Sprossen aus Sojabohnen, Alfalfa, Rettich, Radieschen oder Linsen, problemlos selbst herstellen. Man kann sie über Salate streuen, unter Kräuterquark mischen oder – kurz blanchiert – einer Gemüse- oder Fleischpfanne als wertvolle Vitaminergänzung beigeben.

Kamut selbst darren

1 Die Kamutkörner gründlich unter fließendem Wasser waschen. Auf ein Blech geben.

2 Bei sehr geringer Temperatur (70 °C, Umluft 50 °C, Gas Stufe 1) im Backofen trocknen lassen.

3 Das Blech ab und zu bewegen, damit die Körner gleichmäßig trocknen können.

4 Das Darren dauert etwa 30 Minuten und ist abgeschlossen, wenn die Körner aromatisch duften.

Kamutsprossen selbst ziehen

1 Körner gründlich waschen, 10 bis 12 Stunden in abgekochtem Wasser einweichen.

2 Wasser abgießen, Körner durchspülen und in ein mit Mull verschlossenes Glas geben.

3 An einen warmen Ort (etwa 20 °C) stellen und die Körner täglich zweimal abspülen.

4 Die Keimlinge sind nach 2 bis 4 Tagen fertig. Der Keimling hat dann etwa die Länge des Korns.

Kamut-Couscous

Dieser grob vermahlene und zu Kügelchen geschliffene Kamutweizen wird wie gewöhnlicher Couscous aus Hartweizen verwendet. Couscous ist besonders für die Schnellküche geeignet. Wer wenig Zeit zum Kochen hat, kann eine größere Menge Kamut-Couscous vorgaren. Servieren Sie Kamut-Couscous zu einem Gemüse- oder einem Gemüse-Fleisch-Ragout, das gut gewürzt, aber nicht zu dick sein darf. Couscous als Beilage verträgt viel Sauce. Aus vorgegarten Couscousresten lässt sich ein köstlicher Salat zubereiten, man kann damit Gemüse füllen oder Bratlinge herstellen. Auch die Kombination mit Lamm, Huhn, Rosinen und Zimt ist sehr beliebt. Das Kochwasser für Couscous wird gesalzen, dadurch bleibt er körnig. Ein besonders aromatisches Gericht erhalten Sie, wenn Sie den Couscous vor dem Kochen mit oder ohne Öl in einem Topf darren. Dazu erhitzen Sie den Couscous unter ständigem Rühren bei mittlerer Hitze 5 bis 10 Minuten, bis er aromatisch duftet. Und wenn Sie es gerne pikant haben, dann garen Sie Ihr Getreide in Gemüsebrühe.

In der Heimat des Couscous, in Nordwestafrika und im Nahen Osten, wird er eingeweicht und in einem Sieb über einer kräftigen Suppe mit Fleisch und Gemüse gedämpft. Zusammen mit dieser Suppe serviert man ihn dann.

Gründrezept

Ganze Kamutkörner kochen

Für 4 Portionen

350 g Kamut
1 Lorbeerblatt
1/2 TL gemahlener Koriander
1/2 TL getrocknetes Basilikum
1 Gemüsebrühwürfel

1 Das Getreide in einen Topf schütten und 600 Milliliter Wasser zugießen. Über Nacht quellen lassen.

2 Am nächsten Tag die Körner mit dem Einweichwasser aufkochen. Die Gewürze beifügen. Den Kamut etwa 45 Minuten kochen, bis die Körner weich sind.

3 Auf der ausgeschalteten Kochplatte 10 Minuten nachquellen lassen. Das überschüssige Kochwasser abgießen.

Gründrezept

Kamut-Couscous kochen

Für 4 Portionen

200 g Kamut-Couscous
2 EL Olivenöl
400 ml Gemüsebrühe oder Wasser
1 Prise Salz
evtl. 1 Stange Staudensellerie,
1 Lorbeerblatt, 1 Knoblauchzehe

1 Couscous im heißen Öl 5 bis 10 Minuten unter ständigem Rühren darren, 5 Minuten abkühlen lassen.

2 Salzwasser oder Brühe zum Kochen bringen und nach Geschmack klein geschnittenen Staudensellerie, Lorbeerblatt und fein gehackten Knoblauch beifügen.

3 Das kochende Wasser durch ein Sieb über den Couscous gießen, abdecken, 10 Minuten quellen lassen.

Herzhafte Snacks

Für jeden ist etwas dabei im folgenden Kapitel: Die Kinder (und nicht nur die) werden begeistert sein vom Kamutburger. Der sieht aus wie ein echter Hamburger, schmeckt aber besser und ist dennoch sehr gesund. Kleine, luftige Brandteigkrapfen schmecken zum Aperitif – nussig durch das Kamutmehl, eine Spur italienisch durch den Parmesan, perfekt ergänzt durch eine sahnige Kräutercreme. Oder packen Sie die feinen Gemüsetaschen fürs nächste Picknick ein ...

Ideal zum Mitnehmen

Kamutburger

Tofu (Bohnenquark) ist Sojaeiweiß mit pflanzlicher Herkunft. In Asien erfreut sich Tofu großer Beliebtheit. Er ersetzt dort Milchprodukte in großem Umfang. Vielseitige Zubereitungen von Tofu (geräuchert, mariniert, mit Pilzen und Gewürzen versetzt) unterstreichen seinen Stellenwert als wichtige und bekömmliche Eiweißquelle. Tofu, ganz naturbelassen, schmeckt neutral. Er benötigt daher würzige Saucen.

Für 4 Portionen

Teig:
100 g Kamutbrot (1–2 Tage alt)
etwa 50 ml Gemüsebrühe
1 kleines Stück Porree
1 Möhre, 50 g Sellerie
1 rote Paprikaschote
1 EL Maiskeimöl
1 Knoblauchzehe
100 g Tofu, natur
100 g Tofu, geräuchert
1 Bund gemischte Kräuter
(Petersilie, Dill und andere)
1 Zweig Basilikum
gemahlene Muskatnuss
1 Prise Cayennepfeffer
1 kleines Ei
Semmelbrösel zum Wenden
Kokosfett oder Öl zum Braten

Belag:
4 Salatblätter
1 mittelgroße Tomate
4 Kamutbrötchen
50 g Streichwurst oder
vegetarische Pastete
2 EL Mayonnaise
etwas Schnittlauch

🕐 **40 Minuten**

1 Kamutbrot in kleine Würfel schneiden. Gemüsebrühe aufkochen und über das Brot gießen, durchmischen und 10 Minuten ziehen lassen.

2 Porree in feine Ringe schneiden, Möhre und Sellerie putzen und fein reiben. Paprika in kleine Würfel schneiden. Maiskeimöl erhitzen, Gemüse leicht anrösten, Knoblauchzehe abziehen und dazupressen.

3 Den Tofu zerdrücken und zum Gemüse geben. Kräuter waschen, fein hacken und mit Gewürzen zufügen. Cayennepfeffer und Ei untermengen. Vier Frikadellen formen und in Semmelbröseln wenden.

4 Die Tofufrikadellen im heißen Fett auf beiden Seiten hellbraun braten, warm stellen. Salatblätter waschen, Tomate in Streifen schneiden.

5 Kamutbrötchen halbieren, die unteren Hälften mit Wurst oder Pastete bestreichen, Salatblätter und Frikadellen darauf legen, mit Tomatenscheiben bedecken, etwas Mayonnaise und Schnittlauch darauf geben und mit den zweiten Hälften der Brötchen abdecken.

Tipp der Köchin

Wer Fett sparen möchte, ersetzt die Wurst bzw. die vegetarische Pastete durch Diätmargarine und die Mayonnaise durch Joghurt. Legen Sie die Tofufrikadellen nach dem Braten kurz auf Küchenkrepp, damit überschüssiges Fett aufgesaugt wird.

Fürs Pausenbrot

Gemüseaufstrich

Für 4 Portionen

60 g Kamutschrot
150 ml Gemüsebrühe
1 kleine Zwiebel
150 g Wurzelgemüse
(Möhre, Sellerie, Petersilienwurzel)
1 EL Öl, 60 g Butter
1 TL Sojasauce, 1/2 TL Salz
1 Prise Cayennepfeffer
1/4 TL Paprika edelsüß
Majoran, gemahlene Muskatnuss
1 TL Hefeflocken, 1 Bund Kerbel

🕐 **30 Minuten**

1 Kamutschrot darren (siehe Seite 12) und in einen Topf geben. Mit Gemüsebrühe aufgießen, unter ständigem Rühren zum Kochen bringen, 5 bis 10 Minuten auf kleiner Flamme ausquellen lassen.

2 Die Zwiebel abziehen und fein würfeln. Das Gemüse putzen, waschen, eventuell schälen und fein reiben. Die Zwiebel und das Gemüse im heißen Öl anrösten.

3 Butter schaumig rühren, erkalteten Kamutschrot, Gemüse und Gewürze unterrühren. Kerbel waschen und fein hacken, dazugeben und pikant abschmecken.

Der Kamutburger ist die gesunde Alternative zum Hamburger.

Tipp der Köchin

Im Kühlschrank hält sich der Aufstrich etwa 4 bis 5 Tage. Wenn Sie den Aufstrich aufbewahren wollen, dann verzichten Sie auf die Zwiebel, da er sonst schon nach 1 Tag bitter schmeckt.

Lüftig und würzig

Pikante Brandteigkrapfen

Wenn Sie Salz, Käse und Muskat weglassen, können Sie die Krapfen auch mit einer süßen Füllung zum Tee oder zum Kaffee servieren: Probieren Sie sie mit Früchtequark, mit Schokoladen- oder Mokkapudding oder einfach mit Vanille-sahne gefüllt.

Für 20 Stück

Brandteig:

70 g Butter

150 g Kamutmehl, 1/2 TL Salz

3–4 Eier

50 g Parmesan

1 TL Backpulver

1 Messerspitze gemahlene Muskatnuss

Füllung:

250 g Frischkäse (Doppelrahmstufe)

2–3 EL Sahne

1 TL Kräutersalz

je 1 Bund Petersilie und Schnittlauch

frisch gemahlener Pfeffer

Garnitur:

frische Salatblätter

Tomaten-, Gurken-, Möhrenscheiben

Zitronenspalten

⏱ **50 Minuten**

1 Butter mit 250 Milliliter Wasser aufkochen. Kamutmehl und Salz auf einmal dazugeben und so lange mit einem Kochlöffel rühren, bis sich der Teig als Kloß vom Topf-boden gelöst hat.

Schnittlauchröllchen in der Käsecreme geben den Brandteigkrapfen eine pikante Note.

2 Den Topf von der Herdplatte nehmen und etwas abkühlen lassen. Die Eier nacheinander kräftig unter den Teig rühren. Parmesan reiben, mit gesiebtem Backpulver und Muskat unterziehen.

3 Den Backofen auf 180 °C (Umluft 160 °C, Gas Stufe 2–3) vorheizen und ein Backblech mit Backpapier auslegen.

4 Die Masse in einen Spritzbeutel mit gezackter Tülle füllen und etwa 20 Häufchen auf das Backblech spritzen. Das Blech in das Backrohr schieben (mittlere Schiene) und die Krapfen etwa 20 Minuten backen.

5 Für die Füllung Frischkäse mit Sahne und Kräutersalz verrühren. Petersilie fein hacken und mit dem in Röllchen geschnittenen Schnittlauch unter die Käsecreme ziehen. Mit 1 Prise Pfeffer abschmecken.

6 Von den abgekühlten Krapfen oben einen kleinen Deckel abschneiden. Die Krapfen mit der Creme füllen. Deckel wieder aufsetzen und die Krapfen auf einer großen Platte mit Salatblättern und Gemüsescheiben garnieren. Mit Zitronenspalten servieren.

Kleines Abendessen

Gemüsetaschen

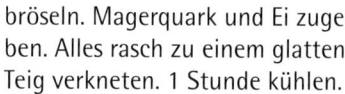

Für den Mürbeteig verknetet man zunächst das Mehl mit der Butter. Dabei entsteht eine Art Streusel oder Brösel, weshalb man diesen ersten Verarbeitungsschritt als Abbröseln bezeichnet.

Für 10 Stück

Teig:

100 g Kamutmehl

50 g Weizenmehl

Salz

100 g Butter

100 g Magerquark

1 kleines Ei

Füllung:

1 Stange Porree

1 Möhre

1 Zucchino

50 g Champignons

1 Bund Petersilie

1/2 TL Kräutersalz

1/2 TL Basilikum

1/2 TL Majoran

etwas frisch gemahlener Pfeffer und gemahlene Muskatnuss

2 EL Kamutmehl

1 kleines Ei

1 Ei zum Bestreichen

Sesamsamen zum Bestreuen

🕐 90 Minuten

1 Mehle mischen, salzen, die kalte Butter in Stückchen hineinschneiden, den Teig mit den Händen abbröseln. Magerquark und Ei zugeben. Alles rasch zu einem glatten Teig verkneten. 1 Stunde kühlen.

2 Porree putzen, waschen und in feine Ringe schneiden, Möhre und Zucchino waschen und fein reiben. Champignons putzen und blättrig schneiden. Das Gemüse ohne Fett kurz anrösten. Petersilie waschen und fein hacken, mit Gewürzen und Kräutern zum Gemüse geben. Kamutmehl und Ei hinzufügen und vermengen.

3 Den Quarkmürbeteig messerrückendick ausrollen, Quadrate von 12 x 12 Zentimeter ausschneiden. In die Mitte 1 Esslöffel Gemüsefüllung geben und die Ränder mit verquirltem Ei bestreichen. Zu Dreiecken zusammenklappen, die Ränder dabei gut andrücken.

4 Die Taschen auf ein mit Backpapier ausgelegtes Blech legen, mit Ei bestreichen und mit Sesam bestreuen. In den kalten Backofen schieben und bei 210 °C (Umluft 190 °C, Gas Stufe 4) 20 bis 30 Minuten backen. Warm mit Kräutersauce oder kalt mit Salat servieren.

Tipp der Köchin

Die Gemüsetaschen schmecken auch gut mit einer Füllung aus gedünstetem Brokkoli und gehackten Mandeln. Auch Gemüsereste vom Vortag lassen sich dafür gut verarbeiten.

Käsecracker

Für 30 Stück
200 g Kamutmehl
100 g Weizenmehl (Type 550)
200 g Magerquark, 80 ml Olivenöl
2 EL saure Sahne
1 Ei, 1 TL Kräutersalz
Mehl für Arbeitsfläche und Blech
Fett für das Blech
75 g Käse (Emmentaler oder Gouda)

🕐 **60 Minuten**

1 Mehle mit Quark, Öl, saurer Sahne, Ei und Salz zu einem geschmeidigen Teig kneten. Etwa 20 Minuten kühl stellen.

2 Den Backofen auf 210 °C (Umluft 190 °C, Gas Stufe 4) vorheizen. Den Teig auf der bemehlten Arbeitsplatte nochmals gut kneten, zu einer Rolle von 4 Zentimeter Durchmesser formen und in 1 Zentimeter dicke Scheiben schneiden.

3 Auf ein gefettetes und bemehltes Blech legen und auf der zweiten Schiene von unten 10 Minuten backen. Den Käse in sehr dünne Scheiben schneiden und so auf die Cracker legen, dass nichts übersteht. Weitere 10 Minuten backen.

Käsecracker sind auf jeder Party hochwillkommen.

Die Käsecracker eignen sich gut für ein Kinderfest: Die Kinder können beim Backen mithelfen, anschließend wird das Gebäck gemeinsam aufgegessen.

Suppen und Salate

Eine heiße, gemüsige Minestrone, verfeinert mit Kamutnudeln, wärmt und stärkt nach einem langen Spaziergang im Herbst. Klare Suppen bilden einen edlen Auftakt fürs Menü mit Einlagen aus dem milden Kamut: Nockerl und Klößchen. Und im Frühling werden knackfrische Salate hochwertig ergänzt mit Kamutsprossen und Kamut-Couscous – diese wahren Vitamin- und Mineralienbomben tun Körper und Seele gut.

Staudensellerie wirkt durch den hohen Anteil ätherischer Öle appetitanregend und verfügt über viele Mineralstoffe, vor allem Natrium, Phosphor, Magnesium und Eisen. Beim Kauf sollte man darauf achten, dass man nur wirklich frische, knackige Stangen wählt, Exemplare mit gelben und welken Blättern sind bereits zäh.

Sättigend

Minestrone

Für 4 Portionen

Suppe:

je 50 g getrocknete Erbsen und weiße Bohnen

1 Möhre

1 Kartoffel

1 Stange Staudensellerie

10 g Butter

1/2 Zwiebel

50 g Porree

3 Tomaten

50 g Schinkenspeck

1 EL Öl

1 1/2 l Gemüsebrühe

1 Lorbeerblatt

1 Bund Petersilie

1 Bund Basilikum

Salz, frisch gemahlener schwarzer Pfeffer

Einlage:

100 g Kamut-Suppennudeln

30 g Parmesan

🕐 50 Minuten
12 Stunden Einweichzeit

1 Hülsenfrüchte über Nacht einweichen, am nächsten Tag im Einweichwasser gar kochen, abgießen. Die Möhre schälen und in kleine Würfel schneiden, die Kartoffel waschen, schälen und würfeln. Den Staudensellerie in kleine Stücke schneiden. Das Gemüse in Butter leicht andünsten.

2 Zwiebel abziehen, fein würfeln, den Porree putzen, waschen und in Streifen schneiden. Tomaten mit kochendem Wasser überbrühen und abziehen, entkernen und in Würfel schneiden.

3 Speck in feine Würfel schneiden, mit dem Öl erhitzen. Zwiebel und Porree darin andünsten, die Tomaten zugeben, das in Butter angedünstete Gemüse beifügen und mit der Gemüsebrühe aufgießen. Lorbeerblatt beigeben.

4 Die Suppe leicht wallend kochen lassen, bis das Gemüse weich, aber noch bissfest ist. Petersilie fein hacken, Basilikum fein schneiden. Die Suppe mit Salz, Pfeffer und den Kräutern verfeinern.

5 Suppennudeln in Salzwasser 3 bis 5 Minuten bissfest garen, in ein Sieb abgießen und in die fertige Suppe geben. Den geriebenen Parmesan extra dazu servieren.

Tipp der Köchin

Anstelle der Kamut-Suppennudeln können Sie auch Kamutflocken in die Suppe einstreuen und 5 Minuten mitkochen.

Aus Großmutters Küche

Kamutklößchen-Suppe

Für 10 bis 12 Klößchen
180 g Kamutbrot (2–3 Tage alt)
50 g Butter
1 Ei
1/2 TL Salz
1 TL getrockneter Majoran
etwas abgeriebene Zitronenschale
1/2 TL gemahlene Muskatnuss
1 EL Kamutmehl
3 EL Semmelbrösel
1 l Gemüsebrühe
1 Bund Schnittlauch

🕐 **50 Minuten**

1 Brot in grobe Stücke schneiden und in 150 Milliliter kaltem Wasser 15 Minuten ziehen lassen.

2 Weiche Butter und Ei schaumig rühren. Gut ausgedrücktes Brot, Gewürze, Mehl und Brösel untermengen. 20 Minuten ruhen lassen.

3 Mit nassen Händen Klößchen formen und in siedendem Salzwasser 5 bis 10 Minuten ziehen lassen.

4 Klößchen in Suppentassen anrichten und mit der heißen Brühe übergießen. Den Schnittlauch in Röllchen schneiden und über die Suppe streuen.

An kalten Wintertagen wärmt eine kräftige Bouillon mit Kamutklößchen wunderbar auf.

Majoran soll wegen seines starken Aromas sparsam dosiert werden. Er wirkt krampfstillend, beruhigend und verdauungsfördernd.

Die Gemüsebrühe ist bei weitem nicht so säurehaltig wie Fleischbrühe und deshalb sehr bekömmlich. Sie beinhaltet zahlreiche, vom Körper in dieser Form leicht aufzunehmende Vitalstoffe und führt dem Organismus basische Substanzen zu.

Durch die Eier halten die Kamutnockerl zusammen und zerfallen beim Kochen nicht.

Feine Vorspeise

Gemüsebouillon mit Kamutnockerl

Für 4 Portionen
Bouillon:
1 Zwiebel
1 Stange Porree
3 Möhren
2 reife Tomaten
2 Knoblauchzehen
4 Champignons
2–3 Blätter Weißkohl
1/2 TL Salz
1 Lorbeerblatt, 1 Zweig Thymian
etwas Liebstöckel
1 Muskatblüte, ganz
6 weiße Pfefferkörner
10 g getrocknete Steinpilze
Nockerl:
2 Eier, 70 g Butter, Salz
1 Messerspitze gemahlene
Muskatnuss
80 g Kamutgrieß

70 Minuten
🕐 12 Stunden Zeit zum Ziehen

1 Gemüse gut waschen, putzen und klein schneiden. Mit 1 1/2 Liter kaltem Wasser, Salz, den Kräutern und Gewürzen in einen Kochtopf geben, über Nacht an einem kühlen Ort zum Ausziehen stehen lassen.

2 Am nächsten Tag bei mittlerer Hitze langsam zum Kochen

bringen, 1 Stunde sanft kochen lassen und 1 weitere Stunde bei geringer Hitze ziehen lassen.

3 Die Suppe durch ein Mulltuch abseihen und abschmecken. Das Gemüse ist ausgelaugt und kann weggetan werden.

4 Für die Nockerl die Eier trennen. Die weiche Butter mit den Eigelben sehr gut verrühren (darauf achten, dass Butter und Eigelb Zimmertemperatur haben). Mit Salz und Muskat würzen.

5 Eiweiß steif schlagen. Die Hälfte des Eischnees gemeinsam mit dem Kamutgrieß unter die vorbereitete Buttermasse heben. Dann den restlichen Eischnee mit einem Teigspatel unterziehen.

6 Mit zwei Teelöffeln kleine Nockerl abstechen, die Löffel dabei immer wieder in heißes Wasser tauchen. Die Nockerl in leicht gesalzenem Wasser 5 Minuten sanft kochen lassen. Anschließend mit einer Schaumkelle herausnehmen, in Suppentassen verteilen und die heiße Bouillon darüber geben.

Tipp der Köchin

Variieren Sie die Nockerl durch die Beigabe von gehackten frischen Kräutern, grob gehackten Nüssen oder gedünsteten Pilzen und kleinen, knackig gegarten Gemüsewürfelchen.

Vorspeise

Kamut-Couscous-Salat

Scharfe rote Pfeffer-
schoten (auch Chili ge-
nannt) sind trotz aller
Vorurteile ein gesundes
Gewürz. Chili regt den
Appetit, den Kreislauf
und die Verdauung an
und wirkt Entzün-
dungen entgegen.

Für 4 Portionen

2 kleine Zucchini (ca. 200 g)
5 EL Sonnenblumenöl
80 g Kamut-Couscous
400 g vollreife Tomaten
1 Zwiebel
1 Knoblauchzehe
1 kleine rote Pfefferschote
4 EL gemischte Kräuter (Petersilie,
Schnittlauch, Dill, Zitronenmelisse,
Kerbel, Borretsch und etwas Minze)
3 EL Kräuteressig
1 Messerspitze Salz

🕐 **60 Minuten**

1 Zucchini waschen und der Länge
nach in etwa 1 Zentimeter dicke
Scheiben, dann in ebenso breite
Stifte schneiden. In
2 Esslöffeln Öl leicht
braun und halb weich
braten. Etwas abkühlen
lassen. Couscous nach
Grundrezept (Seite 13)
garen.

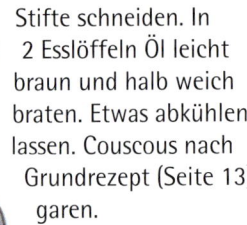

2 Tomaten waschen
und würfeln, Stiel-
ansätze und Kerne
dabei entfernen.
Zwiebel und Knob-
lauchzehe abziehen
und fein hacken.
Pfefferschote putzen,
kalt abspülen und
in feine Streifen
schneiden.

3 Kräuter waschen und fein
hacken. Alle vorbereiteten Salat-
zutaten mit dem restlichen Öl, Essig
und Salz mischen.

4 Den Salat zugedeckt bei Zimmertemperatur 40 Minuten durchziehen
lassen und vor dem Servieren mit einer Gabel noch einmal durchrühren.

Vitamin- und mineralstoffreich

Bunter Vitaminsalat

Für 4 Portionen

Salat:
100 g gekeimte Kamutkörner
100 g gemischte Sprossen
(z. B. Alfalfa, Kresse, Mungobohnen,
Linsen, Senf, Rettich)
300 g Blattsalat
(z. B. Radicchio, Eichblatt, Chicorée,
Feldsalat, junger Spinat, Löwenzahn,
Eisberg- oder Friséesalat)
100 g junges Gemüse
(z. B. Brokkoliröschen, Spargel,
Fenchel, Kohlrabi, reife Avocados,
Möhren, Gemüsepaprika, Frühlingszwiebeln, Salatgurken, Rettich)

Dressing:
3 EL Weinessig
100 ml Hasel- oder Walnussöl
1 TL Honig oder Ahornsirup
1 kleine Schalotte
1 Bund Schnittlauch
4 EL Kerne oder Nüsse
(z. B. Pinienkerne, Walnüsse,
Haselnüsse, Sonnenblumenkerne)

🕐 **30 Minuten**

1 Die nach Grundrezept gekeimten Kamutkörner (Seite 12) und die gemischten Sprossen überbrausen, abtropfen lassen. Salate und Gemüse putzen, waschen und in mundgerechte Stücke schneiden. Fenchel, Kohlrabi und Möhren hauchdünn hobeln. Frühlingszwiebeln in feine Ringe schneiden. Brokkoliröschen und Spargel in wenig Wasser einige Minuten dünsten. Das Gemüse soll aber knackig bleiben.

2 Salat und Gemüse dekorativ auf Portionstellern anrichten. Für das Dressing Essig, Öl und Honig verrühren. Die Schalotte abziehen, fein hacken, Schnittlauch waschen und in Röllchen schneiden. Beides unter das Dressing mischen. Über den Salat träufeln. Keimlinge, Sprossen und Kerne oder gehackte Nüsse darüber streuen.

Tipp der Köchin

Haselnussöl ist genauso wie Walnussöl eine Kostbarkeit und sollte auch als solche verwendet werden. Sein intensives Nussaroma harmoniert mit fast allen Salaten und Vollwertgerichten, wobei man mit der Verwendung von Zitronensaft oder Essig zurückhaltend sein sollte.

Die vielen Kräuter lassen den Couscous-Salat nicht nur hübsch aussehen, sondern verleihen ihm auch seine köstliche Frische.

Gut vorzubereiten

Kamut-Frühlingssalat

Grüne Linsen sind die frischen, ungeschälten Hülsenfrüchte der bei uns bekannten Linsenart mit gelbem Kern, der sich mit der Zeit braun färbt.

Für 4 Portionen
200 g Kamutkörner
500 g grüne Linsen
3/4 l Gemüsebrühe
1 Bund Frühlingszwiebeln
2 rote Paprikaschoten
1 Bund Petersilie
3 EL Rotweinessig
Salz
frisch gemahlener schwarzer Pfeffer
3 EL Sonnenblumenöl
einige Salatblätter

🕐 **50 Minuten**
12 Stunden Einweichzeit

1 Kamut über Nacht einweichen und am nächsten Tag mit der doppelten Menge Wasser in etwa 40 Minuten weich kochen. Abgießen und abkühlen lassen.

2 Linsen 2 Stunden in kaltem Wasser einweichen, das Wasser abgießen. Die Gemüsebrühe aufkochen und die Linsen darin in etwa 15 Minuten bissfest kochen. Abgießen, abschrecken und abtropfen lassen.

3 Frühlingszwiebeln putzen, in feine Ringe schneiden, dabei die grünen Teile mitverwenden. Paprikaschoten halbieren, entkernen und würfeln.

4 Petersilie waschen und fein hacken. Die gekochten Kamutkörner, Linsen, Zwiebeln, Paprika und Kräuter vermengen.

5 Essig, Salz, 1 kräftige Prise Pfeffer, etwas Wasser und das Öl gut verrühren. Unter den Salat mischen und alles zugedeckt 60 Minuten ziehen lassen. Auf gewaschenen Salatblättern anrichten.

Gut zum Mitnehmen

Nudelsalat mit Rucola

Für 4 Portionen
Salat:
200 g Kamutnudeln (z. B. Hörnchen)
Salz
100 g Zuckerschoten
200 g Rucolasalat
200 g Kirschtomaten
Dressing:
1 Zwiebel
1 Knoblauchzehe
1 Töpfchen Kerbel
125 g saure Sahne
125 g Sahnejoghurt
Saft von 1 Zitrone
Salz, frisch gemahlener schwarzer Pfeffer, Zucker

🕐 **30 Minuten**

1 Kamutnudeln in reichlich Salzwasser bissfest garen, in ein Sieb gießen, kalt abschrecken. Zuckerschoten putzen, waschen, in Salzwasser 3 bis 5 Minuten garen, kalt abschrecken. Rucola waschen und abtropfen lassen. Kirschtomaten halbieren. Alle vorbereiteten Zutaten mischen.

2 Für das Dressing Zwiebel und Knoblauch abziehen und fein hacken. Kerbel waschen und fein hacken. Mit saurer Sahne, Joghurt, Zitronensaft, etwas Salz und je 1 Prise Pfeffer und Zucker verrühren. Über den Salat geben und vorsichtig mischen.

Tipp der Köchin

Kochen Sie Vollkornnudeln immer in einem großen Topf mit reichlich Wasser. 1 Liter Wasser auf 100 Gramm rohe Teigwaren ist das richtige Verhältnis. Nicht nur wegen des Geschmacks, sondern auch, um die wertvollen Mineralien in den Nudeln zu erhalten, sollte Salz zugegeben werden. Ein Spritzer Öl im Kochwasser verhindert das Zusammenkleben. Ob die Nudeln gar sind, testen Sie am besten, indem Sie sie probieren: Wenn sie noch Biss, aber keinen rohen Kern mehr haben, sind sie gerade richtig, nämlich »al dente« gekocht.

Rucola mit seinen scharfwürzigen Blättern gibt diesem Nudelsalat den besonderen Pfiff.

Rucola wird immer beliebter. Er fördert die Verdauung und ist harntreibend – genug Gründe, regelmäßig eine Hand voll Rucolablätter unter den grünen Salat zu mischen.

Hauptspeisen mit Beilagen

Auch feine Fleischgerichte lassen sich durch Kamutbeilagen hervorragend ergänzen: Für Spätzle, Klöße oder Plätzchen bildet Kamut nicht nur eine gesunde und vollwertige Alternative zum weißen Auszugsmehl. Auch geschmacklich gewinnen das traditionelle Gulasch und der edle Lammschlegel in Madeira durch das milde Nussaroma des Kamut. Oder gönnen Sie sich und Ihrer Familie doch einmal das Kalbsragout mit Champignons, tunken Sie die Kamutklöße in die sahnige Sauce und wähnen sich im siebten Himmel...

Für den Fall, dass Sie die Kamutspätzle separat nachkochen wollen, haben wir die Zubereitung von Gulasch und Spätzle getrennt. Wenn Sie das komplette Hauptgericht mit Beilage zubereiten wollen, müssen Sie natürlich parallel arbeiten: also zuerst den Spätzleteig herstellen, dann das Gulasch aufsetzen und die Spätzle zubereiten.

Kräftig

Rindsgulasch mit Kamutspätzle

Für 4 Portionen
Gulasch:
500 g Rindfleisch
(aus der hinteren Hesse)
1 Knoblauchzehe
1/2 TL Majoran
1/4 TL Kümmel
1 kleines Stück Zitronenschale
1 TL Weinessig
500 g Zwiebeln
3 EL Olivenöl
1/2 EL Paprikapulver, edelsüß
1 EL Tomatenmark
1/2 TL Salz
1 grüne Paprikaschote
1 EL Kamutmehl
Spätzle:
200 g Kamutmehl
Salz
etwa 1/4 l Milch oder Wasser
2 Eier
50 g Sahne
30 g Butter
1 Bund Petersilie

🕐 **70 Minuten**

1 Fleisch wenn nötig enthäuten und in 2 Zentimeter große Würfel schneiden. Knoblauch abziehen und mit Majoran, Kümmel und Zitronenschale im Mörser zerkleinern. Den Essig mit einigen Esslöffeln Wasser mischen. Zwiebeln abziehen, in Ringe schneiden und im heißen Öl andünsten. Paprikapulver zugeben und mit verdünntem Essig ablöschen.

2 Fleisch, Gewürze aus dem Mörser, Tomatenmark und Salz zugeben. Zugedeckt schmoren lassen, bis keine Flüssigkeit mehr vorhanden ist, damit das Gulasch Farbe bekommt. Dann etwas Wasser angießen. Schmoren, bis das Fleisch weich ist, nach Bedarf wenig Wasser zugeben.

3 Inzwischen die Paprikaschote waschen, putzen und in Streifen schneiden. Kamutmehl mit einigen Esslöffeln Wasser glatt rühren. Das angerührte Mehl in die Sauce einrühren, einmal aufkochen lassen. Mit den Paprikastreifen bestreuen.

4 Für die Spätzle das Mehl mit 1 Prise Salz, Milch oder Wasser, Eiern und Sahne zu einem eher weichen Teig verarbeiten, 30 Minuten stehen lassen.

5 Den Teig durch einen Spätzlehobel in kochendes Salzwasser drücken. Sobald die Spätzle an die Oberfläche steigen, mit der Schaumkelle herausnehmen. Mit kaltem Wasser abschrecken. Die Butter bei schwacher Hitze heiß werden lassen, die Spätzle darin schwenken und mit gehackter Petersilie bestreuen.

Tipp der Köchin

Die doppelte Menge Kamutspätzle reicht für eine Hauptmahlzeit: Mischen Sie gedünstetes Gemüse unter die Spätzle und servieren Sie einen Salat dazu.

Leicht

Kamut-Nudelauflauf

Für 4 Portionen

200 g Kamutnudeln

Salz

1/2 Bund Petersilie

3 Eier

etwa 50 ml Milch oder Sahne

frisch gemahlener weißer Pfeffer

gemahlene Muskatnuss

1 EL Hefeflocken

100 g Emmentaler

40 g Butter

Fett für die Form

🕐 **75 Minuten**

1 Nudeln in kochendem Salzwasser bissfest garen, kalt abschrecken. Petersilie fein hacken. Eier mit Milch oder Sahne, Petersilie, Pfeffer, Muskat und Hefeflocken gut verquirlen.

2 Die Hälfte der Nudeln in eine gefettete Auflaufform geben, 50 Gramm geriebenen Käse darauf verteilen, mit den restlichen Nudeln bedecken, mit Eiermilch übergießen, den übrigen Käse darüber streuen und mit Butterflöckchen belegen.

3 Die Form in den Backofen schieben und den Auflauf bei 200 °C (Umluft 180 °C, Gas Stufe 3–4) etwa 40 Minuten backen.

Nudelaufläufe sind alles andere als langweilig. Sie werden es bei diesem Auflauf mit Brokkoli feststellen.

Tipp der Köchin

Reichen Sie dazu 300 Gramm bissfest gegarten Brokkoli, den Sie mit 50 Gramm fein gewürfeltem, in Butter angebratenem Rinderschinken bestreuen.

Für den Fall, dass Sie die Kamutbällchen separat nachkochen wollen, haben wir die Zubereitung von Lamm und Kamutbällchen getrennt. Wenn Sie das komplette Hauptgericht mit Beilage zubereiten wollen, müssen Sie natürlich parallel arbeiten: also zuerst die Kartoffeln aufsetzen, dann das Fleisch in den Backofen schieben. Während das Fleisch brät, stellen Sie die Kamutbällchen her.

Für Festtage

Lammschlegel in Madeira mit Kamutbällchen

Für 4 Portionen
Lammschlegel:
200 g Wurzelgemüse
(Möhre, Sellerie, Petersilienwurzel)
1 Knoblauchzehe
500 g Lammschlegel
Salz, frisch gemahlener Pfeffer
4 EL Öl
1/4–3/8 l Fleisch- oder
Gemüsebrühe
20 g Kamutmehl
2 EL Madeira
125 g saure Sahne
Kamutbällchen:
500 g mehlig kochende Kartoffeln
Salz
40 g Kamutgrieß
20 g Kamutmehl
gemahlene Muskatnuss
2 Eier
50 g ungeschälte Sesamsamen
Kokosfett zum Backen

🕐 **80 Minuten**

1 Wurzelgemüse putzen und klein schneiden. Knoblauch abziehen und durchpressen. Den Backofen auf 220 °C (Umluft 200 °C, Gas Stufe 4–5) vorheizen.

2 Lammfleisch von eventuell vorhandenen Häuten befreien, mit Salz, Pfeffer und Knoblauch einreiben. Öl in einem Bräter erhitzen und das Fleisch auf allen Seiten anbraten. Wurzelgemüse zugeben.

Eine Köstlichkeit für jeden festlichen Anlass ist der Lammschlegel in Madeira.

3 Das Fleisch in den Backofen schieben. Sobald das Wurzelgemüse etwas angebraten ist, mit wenig Brühe seitlich aufgießen. Das Fleisch hat eine Bratzeit von insgesamt 60 bis 70 Minuten. Währenddessen bei Bedarf immer wieder seitlich wenig Brühe zugießen.

4 Das Fleisch aus dem Bräter nehmen und warm stellen. Bratensatz lösen, Gemüse mit Kamutmehl bestäuben, mit restlicher Brühe aufgießen und 5 bis 10 Minuten bei schwacher Hitze kochen lassen. Durch ein Sieb streichen, den Madeira und die Sahne hinzufügen, die Sauce abschmecken.

5 Für die Kamutbällchen die Kartoffeln in der Schale kochen, pellen, heiß durch die Kartoffelpresse drücken, salzen. Mit dem Grieß bestreuen und auskühlen lassen.

6 Mehl und Muskat untermischen. 1 Ei verquirlen und zugeben. Alles rasch zu einem glatten Teig verkneten, zu einer Rolle formen, kleine Stücke abschneiden und mit bemehlten Händen zu Bällchen formen.

7 Das zweite Ei verquirlen, die Bällchen zuerst darin, dann in Sesam wenden. Im heißen Fett rundherum goldbraun ausbacken.

8 Das Fleisch mit einem scharfen Messer portionieren, auf Tellern oder einer Servierplatte anrichten und mit der Sauce umgießen. Die Kamutbällchen dazu servieren.

Braucht etwas Zeit

Kalbsragout mit Kamutgrießklößen

Für 4 Portionen
Ragout:
500 g Kalbfleisch (Schulter, Hals)
4 EL Kamutmehl, 60 g Butter
etwa 1/4 l Fleischbrühe
je 1/2 TL Salz und Kümmel
1 Knoblauchzehe
1 EL Tomatenmark
150 g Champignons, 1 Zwiebel
1 EL Olivenöl, 125 g Schlagsahne
Klöße:
80 g Butter, 1/4 l Milch
Salz, 120 g Kamutgrieß
2 Eier
2 altbackene Kamutbrötchen
1 Bund Petersilie

🕐 **50 Minuten**

Tipp der Köchin

Die Grießklöße können auch als Suppeneinlage serviert werden. Dann der Masse eventuell 50 Gramm würfelig geschnittenen angerösteten Speck beigeben und kleinere Klößchen formen.

1 Kalbfleisch in 2 Zentimeter große Würfel schneiden, in 3 Esslöffeln Mehl wenden. Butter zerlassen, das Fleisch hell anbraten. Mit wenig Brühe aufgießen, Gewürze, abgezogene und halbierte Knoblauchzehe und Tomatenmark zugeben, dünsten, bis das Fleisch fast weich ist. Nach Bedarf noch Brühe zugeben.

2 Champignons putzen, blättrig schneiden. Zwiebel abziehen, in Würfel schneiden. Beides in Olivenöl anrösten und zum Fleisch geben.

3 Sahne und 1 Esslöffel Mehl glatt rühren, in die Sauce rühren und aufkochen lassen. Sauce abschmecken.

4 Für die Klöße Butter, Milch und Salz aufkochen, Grieß einrühren und zu einem dicken Brei kochen. Etwas abkühlen lassen. Verquirlte Eier unter den Grieß mengen. In Würfel geschnittene Brötchen dazugeben.

5 Aus der Grießmasse Klöße formen, in siedendem Salzwasser etwa 10 Minuten garen. Mit gehackter Petersilie bestreut servieren.

Tiroler Spezialität

Rinderlende mit Kamutplätzchen

Für 4 Portionen
Lendenschnitten:
4 Lendenschnitten (à 120 g) vom Rind
Salz, frisch gemahlener Pfeffer
je 1 EL Senf und Öl
etwas Cognac oder Madeira
1/2 TL Currypulver
2 EL Kamutmehl, 30 g Butter
1/8–1/4 l Brühe oder Wasser
125 g Sahne
Saft von 1/2 Zitrone
1 Bund Petersilie
Kamutplätzchen:
1/2 l Milch
30 g Butter, Salz
100 g Kamutgrieß
gemahlene Muskatnuss
Öl für das Blech
1 Ei, 70 g Semmelbrösel
100 g Butter oder Margarine

🕐 **50 Minuten**

1 Lendenschnitten klopfen, salzen und pfeffern. Senf, Öl, Cognac oder Madeira und Curry mischen und eine Seite der Lendenschnitten damit bestreichen, die andere Seite in Kamutmehl drücken.

2 Butter erhitzen, Fleisch auf beiden Seiten anbraten, mit wenig Brühe oder Wasser aufgießen und das Fleisch zugedeckt 20 Minuten im eigenen Saft schmoren lassen. Dabei öfter wenden und bei Bedarf Brühe oder Wasser zugießen.

3 Sahne unterrühren und die Sauce mit Zitronensaft abschmecken. Petersilie waschen, Blättchen von den Stielen zupfen und fein wiegen. Fleisch und Sauce damit bestreuen.

4 Für die Grießplätzchen Milch mit Butter und Salz aufkochen, Grieß einrühren und zu einem dicken Brei kochen, mit Muskatnuss würzen.

5 Grießbrei 1/2 Zentimeter dick auf ein geöltes Blech streichen, auskühlen lassen. Mit einem Glas oder einer Ausstechform runde Plätzchen ausstechen, zuerst in verquirltem Ei, dann in den Bröseln wenden.

6 Butter oder Margarine heiß werden lassen und die Grießplätzchen auf beiden Seiten goldgelb backen.

Zu der weichen Lendenschnitte bilden knusprig-krosse Kamutplätzchen die ideale Ergänzung.

Vegetarische Hauptspeisen

Bei diesen feinen Vollwertrezepten kommen weder Geschmack noch Gesundheit zu kurz: Von den italienischen Gnocchi über die Südtiroler Spinatnockerl bis zur mediterranfranzösischen Roquefortsauce, die die Kamutbandnudeln aufs Köstlichste begleitet – schon beim Schmökern in diesem Kapitel läuft einem das Wasser im Mund zusammen.

Tomatenmark stellt man aus Tomatensaft her, der schonend eingedickt und dann pasteurisiert wird. In 100 Gramm Tomatenmark steckt 1 Kilogramm Tomaten. Sollten Sie den Inhalt eines Glases oder einer Dose nicht ganz aufgebraucht haben, können Sie den Rest für ein paar Tage im Kühlschrank aufbewahren. Angebrochenes Tomatenmark in der Tube ist wesentlich länger gekühlt haltbar.

Spezialität aus Italien

Gemüsepizza

Für 4 Portionen

Teig:

100 g Kamutmehl

100 g Weizenmehl

10 g Hefe

50 g Butter oder 6 EL Olivenöl

1/2 TL Salz

1/2 TL getrocknetes Basilikum

Belag:

4 feste Tomaten

2 grüne Paprikaschoten

125 g Erbsen oder Mais (TK)

Salz

Mehl für das Blech

1 Bund Petersilie

100 g Tomatenmark

Oregano, Basilikum, Kräutersalz

150 g Käse (Gouda, Emmentaler oder Parmesan)

Olivenöl zum Beträufeln

🕐 **60 Minuten**

1 Beide Mehlsorten mit 100 Milliliter handwarmem Wasser und der Hefe vermengen. Die Butter zerlassen. Butter oder Öl, Salz und Basilikum zugeben und zu einem geschmeidigen Teig kneten. Zugedeckt an einem warmen Ort etwa 20 Minuten ruhen lassen.

2 Inzwischen das Gemüse waschen und putzen. Tomaten in Scheiben, Paprika in feine Streifen schneiden. Erbsen oder Mais 5 Minuten in kochendem Salzwasser garen und abtropfen lassen.

3 Den Backofen auf 220 °C (Umluft 200 °C, Gas Stufe 4–5) vorheizen und ein Blech mit Mehl bestäuben.

4 Den Teig auf der bemehlten Arbeitsfläche nochmals durchkneten, dann auf das Blech drücken und einen etwa 1 Zentimeter hohen Rand stehen lassen. Den Teig im vorgeheizten Backofen etwa 10 Minuten vorbacken.

5 Petersilie waschen, fein hacken und unter das Tomatenmark rühren, mit Oregano und Basilikum vorsichtig würzen.

6 Teig mit Tomatenmark bestreichen und mit dem Gemüse belegen. Mit Kräutersalz bestreuen.

7 Käse grob raspeln und die Pizza damit bestreuen, zum Abschluss mit etwas Olivenöl beträufeln. Die Pizza nochmals in den Backofen schieben und in 15 bis 20 Minuten knusprig backen.

Tipp der Köchin

Die Pizza können Sie auch zusammen mit Kindern backen: Teilen Sie den Teig in 4 bis 6 kleine Portionen auf und formen Sie runde Pizzen daraus. Nun kann jedes Kind seine Pizza mit Tomatenmark bestreichen, mit dem klein geschnittenen Lieblingsgemüse belegen und mit geraspeltem Käse bestreuen. Die kleinen Pizzen müssen nicht vorgebacken werden.

Für Eilige

Couscous-Gemüse-Gratin

Für 4 Portionen

1 Stange Porree
3 EL Olivenöl
100 g Champignons
100 g Zucchini
150 g Kamut-Couscous
400 ml Gemüsebrühe
1/2 TL Salz
frisch gemahlener weißer Pfeffer
1 EL Sojasauce
1 Zweig Thymian
2 EL Sesamsamen

🕐 **60 Minuten**

1 Porree putzen, waschen, klein schneiden und in 2 Esslöffeln Olivenöl etwas anbraten. Champignons putzen und vierteln. Zucchini putzen, waschen und würfeln.

2 Couscous mit Brühe, Salz, Pfeffer, Sojasauce, Thymian und dem Gemüse vermischen.

3 Eine flache Auflaufform mit dem restlichen Öl ausstreichen, die Couscous-Gemüse-Mischung hineingeben und mit Sesam bestreuen.

4 Im Backofen bei 200 °C (Umluft 180 °C, Gas Stufe 3–4) 40 Minuten backen.

Ein leichtes Mittagessen mit viel frischem Gemüse – und ganz schnell gezaubert.

Tipp der Köchin

Probieren Sie das Gratin auch einmal mit anderen Gemüsesorten wie Möhren oder Brokkoli. Oder mischen Sie geräucherten Tofu, Thunfisch oder Räucherlachs darunter.

Zeitaufwändig

Gemüseknödel mit Tomatensauce

Tipp der Köchin

So gelingen die Knödel: Verwenden Sie nicht zu viel Flüssigkeit, die Knödelmasse darf nicht zu feucht sein. Beim Formen fest drücken und die Oberfläche mit nassen Händen glatt abschließen, so dass beim Kochen kein Wasser eindringen kann. Knödel nie zugedeckt kochen und einen weiten Topf dafür benutzen.

Für 4 Portionen
Knödel:
4 altbackene Kamutbrötchen
etwa 1/8 l Milch
Salz
gemahlene Muskatnuss
2 Eier (Größe S)
100 g Möhren
50 g Sellerie
100 g Blumenkohl
30 g Champignons
50 g Erbsen (TK)
20 g Butter
40 g Emmentaler
10 g Parmesan
1 Bund Petersilie
etwa 30 g Kamutmehl
Tomatensauce:
500 g reife Tomaten
100 g Zwiebeln
1 Knoblauchzehe
2 EL Olivenöl
1/4 l Gemüsebrühe
1 Lorbeerblatt
Thymian, Oregano, Salbei
50 g Sahne
1 TL Honig
Salz, Pfeffer, Cayennepfeffer
1 Bund Basilikum

🕐 **80 Minuten**

1 Brötchen in Würfel schneiden. Milch, je 1 Prise Salz und Muskat und die Eier verquirlen. Über die Brotwürfel gießen und 30 Minuten ziehen lassen.

Die Gemüseknödel werden mit einer pikanten Tomatensauce serviert.

2 Das Gemüse putzen und waschen. Möhren und Sellerie in kleine Würfel schneiden, Blumenkohl in Röschen teilen. Champignons blättrig schneiden. Erbsen in Salzwasser 5 Minuten garen, abseihen. Butter zerlassen und das Gemüse halbweich dünsten.

3 Emmentaler würfeln, Parmesan reiben. Petersilie fein wiegen. Alle Zutaten und das Gemüse zum Brot geben. So viel Mehl hinzufügen, dass ein formbarer Teig entsteht. Abgedeckt 30 Minuten ziehen lassen.

4 Mit nassen Händen feste Knödel formen. Eventuell einen Probeknödel kochen, bevor man die gesamte Masse verarbeitet. Die Knödel in kochendes Wasser einlegen und in siedendem Wasser etwa 10 Minuten garen, bis sie an die Oberfläche steigen. Noch einige Minuten ziehen lassen und mit einer Schaumkelle aus dem Wasser nehmen.

5 Für die Sauce die Tomaten überbrühen und häuten. Kerne entfernen, Fruchtfleisch würfeln.

6 Zwiebeln und Knoblauch abziehen und hacken. Im heißen Öl andünsten und mit Brühe ablöschen. Tomatenwürfel und Gewürze dazugeben. 15 Minuten bei schwacher Hitze kochen lassen.

7 Die Sauce mit Sahne, Honig, Salz, Pfeffer und Cayennepfeffer abschmecken und mit gehacktem Basilikum bestreuen.

Wenn Sie nicht so viel Zeit haben, servieren Sie die Gnocchi mit Sauce übergossen und mit Käse bestreut, ohne sie vorher zu überbacken.

Gelingt leicht

Kamut-Kartoffel-Gnocchi

Für 4 Portionen

300 g mehlig kochende Kartoffeln
2 EL Kamutgrieß
60 g Kamutmehl
Salz, 1 kleines Ei
20 g Butter
Tomatensauce
(siehe Rezept Seite 44)
50 g Käse (Emmentaler oder Gouda)
Butter für die Form

🕐 **95 Minuten**

1 Kartoffeln waschen, in der Schale dämpfen, pellen und noch heiß durch die Kartoffelpresse drücken. Etwas auskühlen lassen. Mit Grieß, Mehl, 1/2 Teelöffel Salz, Ei und 10 Gramm Butter rasch zu einem lockeren Teig verarbeiten.

2 Die Tomatensauce zubereiten. Aus dem Kartoffelteig auf einem bemehlten Brett eine 4 Zentimeter dicke Rolle formen. Kleine Stückchen abschneiden, daraus Kugeln formen und diese mit einer Gabel flach drücken, wobei gleichzeitig durch die Gabel eine Musterung erzielt wird.

3 Die Gnocchi in siedendem Salzwasser etwa 5 Minuten gar ziehen lassen. Inzwischen den Käse fein reiben.

4 Die Gnocchi mit einer Schaumkelle herausheben. Lagenweise Gnocchi, Tomatensauce und Käse in eine gefettete Auflaufform schichten. Diese soll so groß sein, dass zwei Lagen Gnocchi übereinander passen. Die letzte Schicht besteht aus Käse.

5 Darauf die restliche Butter in Flöckchen verteilen und die Gnocchi ungefähr 40 Minuten bei 200 °C (Umluft 180 °C, Gas Stufe 3–4) im Backofen backen, bis der Käse leicht gebräunt ist.

Südtiroler Spezialität

Gratinierte Spinatnockerl

Für 4 Portionen

300 g Spinat
Salz
200 g Kamutbrot
125 ml Milch
150 g Zwiebeln
1 Knoblauchzehe
2 EL Olivenöl
1–2 Eier (je nach Größe)
1 Bund Petersilie
50 g Kamutmehl
50 g Bergkäse
20 g Butter

🕐 **40 Minuten**

1 Den Spinat verlesen, waschen, in kochendem Salzwasser 1 Minute blanchieren, abgießen und gut abtropfen lassen. Mit dem Wiegemesser fein wiegen oder im Mixer pürieren.

2 Brot in Würfel schneiden, mit dem Spinat mischen. Die Masse darf nicht zu nass sein, das Brot muss aber ganz durchfeuchtet sein. Bei Bedarf mit etwas Milch übergießen.

3 Zwiebeln und Knoblauch abziehen und fein würfeln. Im heißen Öl goldgelb anrösten, 1/3 davon zur Brotmasse geben. Eier verquirlen und mit der gehackten Petersilie

darunter mischen, salzen. Wenn die Masse zu feucht ist, etwas Kamutmehl zugeben. 30 Minuten durchziehen lassen.

4 Mit nassen Händen Nockerl formen und in siedendem Wasser 10 Minuten ziehen lassen. Die Nockerl mit einer Schaumkelle herausnehmen, in eine flache Auflaufform schichten und warm stellen.

5 Den Käse reiben. Die Nockerl mit zerlassener Butter übergießen. Erst restliche Zwiebeln, dann Käse darauf streuen. Im Backofen bei 220 °C (Umluft 200 °C, Gas Stufe 4–5) 10 bis 12 Minuten gratinieren.

Kamut geht mit Kartoffeln und Spinat eine besonders harmonische Verbindung ein.

Tipp der Köchin

Wenn es schnell gehen muss, nehmen Sie anstelle von frischem Spinat tiefgekühlten gehackten Spinat, den Sie im Wasserbad auftauen lassen.

Leichtes Mittagessen

Bulgur-Gemüse-Pfanne

Bulgur ist ein uraltes Lebensmittel, das zur Zeit neu entdeckt wird: Seit Jahrhunderten gehört dieser geschrotete und vorgekochte Weizen zu den Grundnahrungsmitteln in Nordafrika und der Türkei. Weil der Weizenkeim mitverarbeitet wird, ist Bulgur reich an Vitaminen. Durch das Vorkochen benötigt er nur eine kurze Garzeit.

Für 4 Portionen
250 g Kamut-Bulgur
1 Zwiebel
2 Knoblauchzehen
2 EL Olivenöl
gut 1/2 l Gemüsebrühe
250 g reife Tomaten
250 g Brokkoli
Salz
1 Bund Petersilie
frisch gemahlener schwarzer Pfeffer

🕐 **55 Minuten**

1 Bulgur auf ein feinmaschiges Sieb geben und unter fließendem kalten Wasser gründlich abspülen und abtropfen lassen. Zwiebel und Knoblauchzehen abziehen und fein hacken. Im heißen Öl glasig braten. Bulgur zugeben und bei schwacher bis mittlerer Hitze etwa 5 Minuten unter ständigem Umrühren anschwitzen.

2 Die Hälfte der Gemüsebrühe zugeben, den Bulgur zum Kochen bringen und dann zugedeckt bei schwacher Hitze 20 Minuten sanft kochen lassen. Dabei die restliche Gemüsebrühe nach und nach dazugießen und immer wieder umrühren.

3 Währenddessen die Tomaten mit kochendem Wasser übergießen, kurz ziehen lassen, kalt abschrecken und häuten. In Achtel teilen, dabei Stielansätze und Kerne entfernen.

4 Brokkoli waschen, große Blätter und holzige Stielenden abschneiden. Die Haut von den Stielen nach oben abziehen und Stiele in Stücke schneiden.

5 Reichlich Wasser mit Salz zum Kochen bringen. Zuerst die Brokkolistiele in dem sprudelnd kochenden Wasser etwa 3 Minuten garen. Die Röschen zugeben und weitere 3 Minuten kochen. Brokkoli eiskalt abschrecken, damit er die grüne Farbe behält, abtropfen lassen.

6 Die Tomatenachtel auf den Bulgur legen und zugedeckt noch einmal 5 Minuten garen. Petersilie waschen und fein hacken.

7 Brokkoli zum Bulgur geben, alles vorsichtig mischen und mit Salz und Pfeffer würzen. Die Temperatur höher schalten und den Brokkoli bei mittlerer Hitze heiß werden lassen. Dabei immer wieder umrühren, denn der Bulgur brennt leicht an. Zum Servieren mit gehackter Petersilie bestreuen.

Tipp der Köchin

Bulgur schmeckt auch nur in Salzwasser gekocht sehr gut. Vor dem Servieren aber unbedingt mit zwei Holzgabeln auflockern und einige Minuten stehen lassen. Mit gedünsteten Zwiebeln, Möhren und einer Prise Currypulver angerichtet, bildet er eine unkomplizierte vollwertige Mahlzeit.

Kamutnudeln mit Roquefortsauce

Für 4 Portionen

300 g Tomaten
200 g Kamutbandnudeln
Salz
2 Knoblauchzehen
2 EL Olivenöl
1/2 TL getrocknete Kräuter der Provence
2 EL Pinienkerne
100 g Roquefort
Kräutersalz, weißer Pfeffer

🕐 **20 Minuten**

1 Tomaten mit kochendem Wasser überbrühen, kalt abschrecken und die Haut abziehen. Stielansätze und Kerne entfernen, Fruchtfleisch würfeln. Nudeln in reichlich Salzwasser bissfest kochen und abseihen. Knoblauch abziehen und fein hacken. Im heißen Öl glasig werden lassen. Tomaten und Kräuter hinzufügen und sämig einkochen lassen.

2 Pinienkerne in einer trockenen Pfanne goldgelb rösten. Den Käse würfeln und unter die Tomatensauce mischen. Mit Kräutersalz und Pfeffer abschmecken. Nudeln mit der Sauce mischen und mit den Pinienkernen bestreuen.

Das ideale leichte Sommergericht: Kamut-Bulgur mit Tomaten und Brokkoli.

Zur Roquefortsauce passt ein kräftiger Rotwein, etwa ein Châteauneuf-du-Pape oder ein voller Sauternes.

Mehlspeisen und Desserts

Schon die Habsburger Kaiser waren Mehlspeisenfans – und diese Leidenschaft ließ Österreichs Küche zum Dorado für Süßschnäbel werden. Das ist bis heute so. Nur genießen wir die Wiener Buchteln mit Vanillesauce und den gehaltvollen Pudding, der altmodisch Nussflammeri heißt, inzwischen etwas gesünder. Das feinste und hochwertigste aller Vollkornmehle, das Kamutmehl, macht die süßen Sünden vollwertig – von Wien bis New York, vom Quarkschmarren bis zu den Pancakes.

Süße Verführung

Grießauflauf mit Heidelbeerkompott

Die unscheinbare kleine Heidelbeere hat es in sich: Durch ihren hohen Gerbstoffgehalt wirkt sie (getrocknet) hervorragend gegen Durchfall, ihr blauer Farbstoff tötet Bakterien im Verdauungssystem, schützt die Zellen und stärkt die Blutgefäße. Daneben enthält sie reichlich Vitamin C gegen Infektionen und Erkältungen.

Für 4 Portionen

Auflauf:

750 ml Milch

Salz

200 g Kamutgrieß

100 g Butter oder Margarine

2 Eier

1 TL Zimt

1/2 TL Pimentpulver

Saft von 2 Zitronen

Schale von 1 Zitrone

4 EL Honig

500 g Birnen
(oder Aprikosen oder Äpfel)

Butter für die Form

50 g Mandelsplitter zum Bestreuen

Kompott:

200 g Heidelbeeren

100 ml Heidelbeersaft

1 EL Speisestärke

3 EL Honig

🕐 **70 Minuten**

1 Milch zum Kochen bringen, salzen, Grieß einrühren und unter häufigem Rühren 5 bis 10 Minuten leise wallend kochen lassen. Abkühlen lassen.

2 Butter oder Margarine mit den Eiern schaumig rühren, Gewürze, Saft von

1 Zitrone, Zitronenschale und Honig beifügen, die abgekühlte Grießmasse einrühren.

3 Birnen waschen, nach Belieben schälen, halbieren und das Kerngehäuse entfernen. (Äpfel je nach Größe vierteln oder achteln, Aprikosen entsteinen.) Das Obst sofort mit dem Saft der zweiten Zitrone beträufeln. Birnen in eine gefettete Auflaufform schichten, die Grießmasse darüber geben. Mit Mandelsplittern bestreuen.

4 In den kalten Backofen schieben und bei 190 °C (Umluft 170 °C, Gas Stufe 3) etwa 45 Minuten backen.

5 Für das Kompott die Heidelbeeren ganz kurz waschen. Heidelbeersaft mit Speisestärke verrühren, Heidelbeeren und Honig zugeben. Alles in einen kleinen Topf geben und einmal aufkochen lassen, dann in eine Schüssel umfüllen und kalt stellen.

6 Den Grießauflauf noch warm mit dem Heidelbeerkompott servieren.

Tipp der Köchin

Wenn Sie den Honiggeschmack im Kompott nicht schätzen, aber auch nicht auf ungesunden weißen Zucker zurückgreifen möchten, verwenden Sie zum Süßen der Heidelbeeren Birnendicksaft (Reformhaus, Naturkostladen) mit der sanften Süße aus eingekochtem Birnensaft.

Aüs Großmütters Küche

Quarkschmarren

Für 4 Portionen

4 Eier
250 g Magerquark
Salz
1 TL Vanillepulver
abgeriebene Schale von
1/2 Zitrone
180 g saure Sahne
20 g Puderzucker
80 g Kamutmehl
etwa 60 g Butter zum Backen
Puderzucker zum Bestäuben

🕐 **30 Minuten**

1 Eier trennen. Quark, Eigelbe, Gewürze, Zitronenschale und saure Sahne verrühren. Eiweiß mit Puderzucker steif schlagen und mit dem Mehl unter die Quarkmasse heben.

2 In einer Pfanne Butter heiß werden lassen, die Masse 1 bis 2 Zentimeter dick eingießen, hellbraun anbacken, wenden, mit einem Pfannenwender in Stücke stechen und unter Wenden goldbraun backen. Auf eine Platte gleiten lassen und warm stellen. Mit der restlichen Quarkmasse genauso verfahren.

3 Quarkschmarren vor dem Servieren mit Puderzucker bestäuben.

Das Heidelbeerkompott ist nicht nur dekorativ, sondern für den Grießauflauf eine unerlässliche Ergänzung.

Mit Aprikosenkompott ist der Quarkschmarren ein süßes Hauptgericht, das auch bei Kindern gut ankommt.

Vanillepulver wird aus der hochwertigen Bourbonvanille hergestellt. Der Aromastoff der Vanille, das Vanillin, ist für den unvergleichlichen Geruch und den Geschmack der Vanille verantwortlich. Am besten entfaltet es sich beim Erwärmen, also in Gebäck und in warm zubereiteten Süßspeisen.

Traditionelles Rezept aus Wien

Wiener Buchteln

Für 18 Stück

Teig:

300 g Dinkelmehl

200 g Kamutmehl

1/8 l Milch

30 g Hefe

50 g Butter

60 g Honig

Schale von 1 Zitrone

Salz, 1 TL Vanillepulver

4 Eigelbe

Füllung:

200 g Magerquark

1 Eigelb

30 g Zucker

1 TL Vanillepulver

1 TL Rum

30 g Sultaninen

Mehl für die Arbeitsfläche

Butter für die Form

🕐 **90 Minuten**

1 Dinkel- und Kamutmehl in eine Schüssel geben. Eine Mulde eindrücken und darin die in etwas lauwarmer Milch angerührte Hefe zu einem dicklichen Brei verrühren, mit etwas Mehl bedeckt 15 Minuten gehen lassen.

2 In der restlichen warmen Milch Butter, Honig, abgeriebene Zitronenschale, Salz, Vanille und Eigelbe verrühren (auch Butter und Eigelbe sollen Zimmertemperatur haben). Zum Mehl geben und daraus einen glatten Teig kneten.

Wiener Buchteln: Die zarte Überraschung wartet im Inneren.

3 Mit feuchten Händen den Teig zu einer Kugel formen, die Schüssel mit Mehl ausstreuen, den Teig wieder hineinlegen, leicht mit Mehl bestäuben und 30 bis 45 Minuten an einem warmen Ort zugedeckt gehen lassen, bis er sich verdoppelt hat. Für die Füllung Quark mit den angegebenen Zutaten verrühren.

4 Teig auf einer bemehlten Arbeitsfläche durchkneten, fingerdick ausrollen und mit einem Glas Scheiben von 6 bis 8 Zentimeter Durchmesser ausstechen. Diese mit der Hand etwas auseinander ziehen und 1 gehäuften Teelöffel Füllung darauf geben. Die Teigränder über der Füllung zusammendrücken und den gefüllten Teig in der Hand rund rollen.

5 Buchteln mit der Verschlussseite nach unten in eine sehr gut gefettete hohe Auflaufform nebeneinander legen und an die Stellen, an denen sie sich berühren, etwas flüssige Butter träufeln, damit sie nicht zusammenkleben.

6 Nochmals 15 Minuten gehen lassen und im Backofen bei 180 °C (Umluft 160 °C, Gas Stufe 2–3) auf der untersten Schiene 30 Minuten backen. Heiß stürzen und servieren.

Tipp der Köchin

Besonders gut schmecken die lockeren Buchteln noch warm mit Vanillesauce.

Verfeinertes Traditionsrezept

Quarkknödel mit Pflaumen-Holunder-Mus

Für 4 Portionen

Pflaumen-Holunder-Mus:

200 g Pflaumen

200 g Holunderbeeren

100 ml Holundersaft

3 EL Zucker

1 TL Rum

Zimt und gemahlene Nelken

Saft von 1 Zitrone

Knödel:

5 Eier

150 g Butter

Salz

abgeriebene Schale von 1/2 Zitrone

500 g Magerquark

200 g Kamutgrieß

50 g Semmelbrösel

30 g Zucker

Zimt und Vanillepulver

🕐 50 Minuten

1 Pflaumen waschen, entsteinen, Holunderbeeren waschen und von den Stielen streifen. Pflaumen und Holunder im Holundersaft einige Minuten lang dünsten, pürieren und mit Zucker, Rum und den Gewürzen abschmecken.

2 Eier trennen. 100 Gramm Butter, Eigelbe und 1 Prise Salz schaumig rühren, Quark und Grieß untermischen. Eiweiß zu Schnee schlagen und unter die Masse ziehen. Den Teig 30 Minuten kalt stellen.

3 Kleine Knödel formen und in kochendes Salzwasser legen, Hitze zurückschalten und Knödel in etwa 10 Minuten gar ziehen lassen.

4 Restliche Butter in einer großen Pfanne zerlassen. Die Brösel darin goldgelb anrösten, Zucker und jeweils 1 Prise Zimt und Vanille zugeben. Die abgetropften Knödel in den Bröseln wälzen.

5 Das abgekühlte Pflaumen-Holunder-Mus zu den heißen Grießknödeln servieren.

Schnell und fein

Kamut-Nuss-Flammeri

Für 4 Portionen

100 g Kamutmehl

400 ml Milch

1 Vanilleschote

50 g Hasel- oder Walnüsse

30 g Rosinen

2 Eier

150 g Sahne

40 g Honig

1 TL Rum

Saft von 1/2 Zitrone

🕐 35 Minuten

1 Mehl mit einigen Esslöffeln Milch glatt rühren. Vanilleschote klopfen und das Mark auskratzen.

2 Die übrige Milch mit dem ausgekratzten Vanillemark zum Kochen bringen, das angerührte Mehl einrühren und unter Rühren aufkochen, bis die Milch dicklich wird.

3 Den Topf vom Herd nehmen. Nüsse fein reiben (evtl. einige zum Verzieren zurückbehalten), zusammen mit den Rosinen untermischen.

4 Eier trennen. Sahne und Eigelbe verquirlen und unter den Nussflammeri rühren. Mit Honig, Rum und

Zitronensaft abschmecken. Zugedeckt abkühlen lassen.

5 Eiweiß zu Schnee schlagen und unterheben. Flammeri in Portionsschälchen füllen und bis zum Servieren kalt stellen.

Tipp der Köchin

Verwenden Sie für den Nussflammeri keine fertig gemahlenen Nusskerne aus der Packung – sie schmecken oft schon alt oder ranzig und würden den Geschmack dieses feinen Nachtischs verderben.

Zum würzigen Kamut schmecken Nüsse besonders gut.

Kamutwaffeln mit Orangensahne

Tipp der Köchin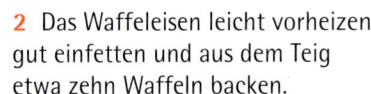

Für Waffeln muss das Vollkornmehl sehr fein gemahlen werden. Je feiner das Mehl, desto lockerer und leichter sind auch die Waffeln – das gilt übrigens auch für Pfannkuchen.

Für 10 Stück
Waffelteig:
30 g Butter, 300 g Kamutmehl
etwa 1/2 l Milch
3 Eier, Salz
1 Päckchen Vanillezucker
2 EL Honig
1 TL Backpulver
Butter für das Waffeleisen
Orangensahne:
300 g Sahne
150 g Orangeat
abgeriebene Schale von 1 Orange

🕐 **80 Minuten**

1 Butter zerlassen. Mehl mit allen anderen Teigzutaten zu einem glatten Teig verarbeiten. Den Teig etwa 1 Stunde quellen lassen.

2 Das Waffeleisen leicht vorheizen, gut einfetten und aus dem Teig etwa zehn Waffeln backen.

3 In der Zwischenzeit die Sahne steif schlagen, das Orangeat sehr fein schneiden und mit der abgeriebenen Orangenschale zur Sahne geben.

4 Die Orangensahne zu den frisch gebackenen Waffeln servieren.

Knusprig-heiße Zimtwaffeln

Für 16 Stück
200 g Kamutmehl
1 Messerspitze Salz
1 TL Backpulver
1/4 TL Zimt
1/4 TL Vanillepulver
etwa 1/4 l Milch
6 EL Öl
3 Eier
Butter oder Öl für das Waffeleisen
Vanille- oder Zimtpulver zum Bestäuben

🕐 **50 Minuten**

1 Das Mehl mit Salz, Backpulver und Gewürzen vermischen. Milch nach und nach dazugießen und so lange rühren, bis ein glatter Teig entsteht. Öl und Eier unterrühren. Teig zugedeckt im Kühlschrank 30 Minuten ruhen lassen.

2 Waffeleisen fetten. Jeweils 2 Esslöffel Teig hineingeben und etwa 4 Minuten backen. Mit Vanille- oder Zimtpulver bestäuben und servieren.

Tipp der Köchin

Waffeln und Pfannkuchen lassen sich auch sehr gut mit Wasser, Joghurt, Kefir oder Dickmilch zubereiten. Sahne im Teig bringt noch mehr Geschmack, aber auch mehr Kalorien.

Schnell

Amerikanische Pancakes

Für 12 Stück

125 g Kamutmehl

1/2 TL Backpulver

1 TL Ahornsirup

Salz

1 großes Ei

150 ml Milch

Butter zum Braten

Ahornsirup zum Beträufeln

🕐 **45 Minuten**

1 Aus Mehl, Backpulver, Ahornsirup, 1 Prise Salz, Ei und Milch einen glatten Teig rühren. Den Teig etwa 30 Minuten quellen lassen.

2 In einer Pfanne in etwas Butter nach und nach zwölf kleine, dicke Pfannkuchen von beiden Seiten goldbraun backen. Zum Servieren mit Ahornsirup beträufeln.

Tipp der Köchin

Ahornsirup nach dem Öffnen kühl aufbewahren – er verdirbt innerhalb weniger Monate. Der Sirup hat eine hohe Süßkraft, dosieren Sie ihn deshalb sparsam.

Die hübsch anzusehenden Waffeln können in geselliger Runde direkt am Tisch zubereitet werden.

59

Kuchen, Torten und Plätzchen

Für jede Teigart eignet sich Kamutmehl als hochwertige Alternative zum weißen Auszugsmehl. Die hervorragenden Backeigenschaften und der milde nussige Geschmack verfeinern alle Rezepte. Beliebte Obstkuchen wie der braune Kirschkuchen leiten den Sommer ein, für festliche Anlässe gibt's die üppige Indianerschaumtorte oder eine schnelle Biskuitrolle, und zum Nachmittagskaffee schmeckt der saftige Zucchinikuchen. Wenn's draußen kalt wird, duftet die Weihnachtsbackstube nach Vanille, Zimt und Nelken, und: Naschen ist bei Kamutplätzchen nicht nur erlaubt, sondern erwünscht.

Traditionell gut

Feine Linzertorte

Tipp der Köchin

Die Linzertorte vor dem Genuss einen Tag ruhen lassen, erst dann hat sie ihr volles Aroma entwickelt.

Für 12 Stücke
5 Eier
250 g Butter
200 g Zucker
200 g Haselnüsse oder Mandeln
1 TL Zimt
etwas abgeriebene Zitronenschale
1/16 l kalter Kaffee
120 g Kamutmehl
180 g Dinkelmehl
1/2 Päckchen Backpulver
Fett und Mehl für die Form
150 g Johannisbeerkonfitüre zum Füllen
1 Eigelb zum Bestreichen
30 g Mandelblättchen zum Bestreuen

🕐 **70 Minuten**

1 Eier trennen. Weiche Butter mit Zucker und Eigelben sehr schaumig rühren. Eiweiße zu steifem Schnee schlagen.

2 Nüsse oder Mandeln mahlen. Mit Gewürzen und Kaffee in den Teig rühren. Mehle, mit Backpulver gemischt, und Eischnee abwechselnd unterziehen.

3 2/3 des Teigs in eine gefettete und bemehlte Springform (Durchmesser 26 Zentimeter) füllen, mit Konfitüre bestreichen, restlichen Teig in einen Spritzbeutel mit ge-

zackter Tülle füllen und als Gitter aufspritzen. Dieses mit verquirltem Eigelb bestreichen und mit Mandelblättchen bestreuen. Die Torte im Backofen bei 190 °C (Umluft 170 °C, Gas Stufe 3) 40 Minuten backen.

Besonders saftig

Dattelkuchen

Für 12 Stücke
150 g Walnüsse
200 g Datteln
4 Eier
80 g Zucker
1 EL Zitronensaft
abgeriebene Schale von 1 Zitrone
1 TL Zimt
100 g Sahne
Salz, 50 g Kamutmehl
1 Messerspitze Backpulver
Butter und Brösel für die Form

🕐 **70 Minuten**

1 Walnüsse reiben. Datteln entkernen und fein schneiden. Eier trennen. Eigelbe mit Zucker schaumig rühren, Zitronensaft und -schale, Zimt und Sahne zugeben. Eiweiß mit 1 Prise Salz steif schlagen.

2 Mehl, Backpulver, Nüsse, Datteln und Eischnee unter die Schaummasse ziehen. Den Teig in eine gefettete und gebröselte Kastenform (Länge 25 Zentimeter) füllen. Bei 180 °C (Umluft 160 °C, Gas Stufe 2–3) etwa 50 Minuten backen.

Brauner Kirschkuchen

Für 20 Stücke

40 g Haselnüsse
140 g Butter
150 g Zucker
6 Eier
200 g Kamutmehl
1 TL Backpulver
2 EL Kakaopulver
6 EL Milch
500 g Kirschen
Butter und Mehl für das Blech
Puderzucker zum Bestäuben

🕐 45 Minuten

1 Nüsse mahlen. Weiche Butter und Zucker schaumig rühren. Eier nach und nach einrühren. Mehl, Backpulver, Kakao, geriebene Nüsse und Milch darunter mengen.

2 Den Teig 2 Zentimeter dick auf ein gefettetes und bemehltes Blech streichen. Backofen auf 200 °C (Umluft 180 °C, Gas Stufe 3–4) vorheizen. Kirschen waschen, entsteinen, auf dem Teig verteilen.

3 Das Blech in den Backofen schieben und den Kuchen 25 Minuten backen. Nach dem völligen Erkalten mit Puderzucker bestäuben und in etwa 20 Stücke schneiden.

Die würzige Linzertorte isst man besonders im Winter gern.

Nehmen Sie einmal Weinsteinbackpulver aus dem Reformhaus anstelle von normalem Backpulver. Es hat dieselbe Triebkraft schmeckt jedoch angenehmer.

Für festliche Anlässe

Indianerschaumtorte

Das Vorbild für dieses Rezept stammt aus Österreichs Hauptstadt, wo um 1820 ein indischer Zauberkünstler im Theater an der Wien auftrat. Ein Zuckerbäcker erfand ihm zu Ehren eine feine Biskuittorte, die er – offenbar nicht so weltgewandt wie der Geehrte – statt Indertorte Indianertorte nannte.

Der Dekorationsphantasie ist bei der Indianerschaumtorte keine Grenze gesetzt.

Für 12 Stücke

Teig:
6 Eier
200 g Zucker
210 g Kamutmehl
1/3 Päckchen Backpulver
Fett und Mehl für die Form

Füllung:
250 g Sahne
1 Päckchen Vanillezucker
50 g Aprikosenkonfitüre

Glasur:
50 g Aprikosenkonfitüre
150 g Kuvertüre
100 g Butter
10 g Kokosfett

Verzierung:
100 g Marzipanrohmasse

🕐 **100 Minuten**

1 Eier trennen. Eigelbe mit 4 Esslöffeln Wasser und Zucker sehr schaumig schlagen. Eiweiß zu steifem Schnee schlagen. Mehl, mit Backpulver gemischt, und Eischnee unter die Schaummasse ziehen.

2 Den Teig in eine gefettete und bemehlte Springform (Durchmesser 26 Zentimeter) füllen, in den kalten Backofen (untere Schiene) stellen und bei 190 °C (Umluft 170 °C, Gas Stufe 3) 20 Minuten backen. Herausnehmen und 10 Minuten ruhen lassen.

3 Den Tortenboden zweimal quer durchschneiden. Aus dem mittleren Stück einen Kreis ausschneiden, so dass ein Ring entsteht. Sahne mit Vanillezucker steif schlagen. Torte zusammensetzen (siehe unten).

4 Aprikosenkonfitüre erhitzen, glatt rühren und die Torte rundherum damit bestreichen. Kuvertüre mit Butter und Kokosfett im Wasserbad schmelzen und gut verrühren. Torte mit Glasur überziehen. Aus der Marzipanmasse beliebige Figuren formen und die Torte damit verzieren.

Indianerschaumtorte füllen

1 *Tortenboden zweimal quer durchschneiden. Aus dem mittleren Stück einen Kreis ausschneiden.*

2 *Unteren Tortenboden mit Konfitüre bestreichen, Ring aufsetzen, ausgehöhlten Teil mit Sahne füllen.*

3 *Den Deckel an der Unterseite mit Konfitüre bestreichen und auf die gefüllte Torte setzen.*

Frühsommerlicher Obstkuchen

Feiner Rhabarberkuchen

Für 16 Stücke

500 g Rhabarber

3 Eier

120 g Butter

100 g Zucker

1/4 TL Vanillepulver

Schale und Saft von 1 Zitrone

20 g Puderzucker

160 g Kamutmehl

1 TL Backpulver

2 EL Milch

Fett und Mehl für die Form

Puderzucker zum Bestäuben

🕐 **80 Minuten**

1 Rhabarber dünn abziehen, in 1 Zentimeter lange Stücke schneiden. Eier trennen. Weiche Butter mit Zucker und Eigelben sehr schaumig rühren. Vanillepulver, Zitronenschale und -saft zugeben.

2 Eiweiß zu Schnee schlagen, den Puderzucker einrieseln lassen. Mehl, Backpulver, Milch und Eischnee abwechselnd unter die Schaummasse ziehen.

3 Den Teig in eine gefettete und bemehlte Springform (Durchmesser 26 Zentimeter) füllen, mit den Rhabarberstücken belegen. Im Backofen bei 190 °C (Umluft 170 °C, Gas Stufe 3) etwa 40 Minuten backen. Nach dem Erkalten dick überzuckern.

Knuspriger Quarkteig

Ananasspitzen

Für 12 Stück

100 g Kamutmehl

50 g Dinkelmehl

Salz

150 g Butter

150 g Magerquark, 1 Ei

1 frische Ananas oder 1 große

Dose ungezuckerte Ananasstücke

Fett für das Blech

🕐 **90 Minuten**

Tipp der Köchin

Anstelle von Rhabarber können Sie den Teig auch mit halbierten Aprikosen, Pflaumen oder entkernten Kirschen belegen.

Ananasspitzen

1 *Aus dem Teig Quadrate von 12 x 12 Zentimeter ausschneiden.*

2 *Ananas darauf geben. Teigstücke diagonal zusammenklappen.*

3 *Die Teigtaschen mit Ei bestreichen. Die Ränder nicht bestreichen!*

1 Mehle auf ein Brett sieben, salzen, die kalte Butter in Flöckchen dazugeben. Den Teig mit den Händen abbröseln. Quark und die Hälfte des verquirlten Eis dazugeben, das Ganze rasch zu einem Teig verarbeiten. 30 Minuten kühl stellen.

2 Ananas vierteln, schälen, den harten Strunk in der Mitte entfernen und das Fruchtfleisch in Stücke schneiden. (Ananas aus der Dose abtropfen lassen.)

3 Backofen auf 220 °C (Umluft 200 °C, Gas Stufe 4–5) vorheizen. Den Teig gut messerrückendick ausrollen. Mit einem Teigrädchen oder

einem scharfen Messer zwölf Quadrate von 12 x 12 Zentimeter ausschneiden.

4 1 Esslöffel Ananasstücke in die Mitte geben. Teigstücke diagonal zusammenklappen, so dass dreieckige Taschen entstehen. Die Ränder gut festdrücken und die Taschen mit dem restlichen Ei bestreichen. (Die Ränder nicht mit Ei bestreichen!)

5 Auf ein gefettetes Blech legen. Im Backofen 7 Minuten backen, dann die Hitze auf 190 °C (Umluft 170 °C, Gas Stufe 3) reduzieren und die Ananasspitzen etwa 15 Minuten fertig backen.

Mit einem Klecks gut gesüßter Sahne schmeckt der Rhabarberkuchen zum Kaffee besonders gut.

Tipp der Köchin

Diesen Quarkblätterteig kann man wie Blätterteig verwenden. Nicht zu dunkel backen, er schmeckt sonst bitter!

Achten Sie beim Kauf von Zitrusfrüchten darauf, dass Sie unbehandelte Früchte bekommen. Behandelte Früchte müssen nach dem Lebensmittelgesetz deutlich gekennzeichnet sein! Unbehandelte Zitronen gibt es fast immer, unbehandelte Orangen sind dagegen meist nur im Spätherbst und im Winter zu bekommen.

Leicht und ohne Fett

Biskuitgugelhupf

Für 16 Stücke

4 Eier, 200 g Puderzucker

Schale und Saft von 1 Zitrone

1/4 TL Vanillepulver

80 g Orangeat

1 EL Zucker

270 g Kamutmehl

1/4 TL Backpulver

80 g dunkle Rosinen

Butter und Kamutmehl für die Form

Puderzucker zum Bestäuben

🕐 **65 Minuten**

1 Eier trennen. Eigelbe mit Puderzucker, Zitronenschale, -saft und Vanille 10 Minuten schaumig rühren.

2 Orangeat in feine Würfel schneiden. Eiweiß zu steifem Schnee schlagen, den Zucker dabei einrieseln lassen.

3 Mehl mit Backpulver mischen. Rosinen waschen, trockentupfen und unter das Mehl mischen. Mit dem Eischnee unter die Schaummasse heben.

4 Den Teig in eine gefettete und bemehlte Napfkuchenform füllen und in den Backofen stellen. Bei 180 °C (Umluft 160 °C, Gas Stufe 2–3) 40 bis 50 Minuten backen. In der Form etwas abkühlen lassen, dann stürzen. Nach dem Erkalten mit Puderzucker bestäuben.

Tipp der Köchin

Die wichtigsten Grundregeln für Biskuitgebäck:
● Schaummasse aus Eiern und Zucker so lange rühren, bis sie dick und hellgelb ist und der Zucker sich völlig aufgelöst hat.
● Mehl und Eischnee nur locker unter die Schaummasse heben, nicht rühren.
● Den Teig sofort nach der Herstellung backen und die Backofentür nicht vor Ende der Backzeit öffnen.

Blitzrezept

Biskuitrolle

Für 10 Stücke

60 g Haselnüsse

4 Eier

120 g Honig

2 EL Öl

100 g Kamutmehl

eventuell Puderzucker zum Stürzen

100 g Konfitüre

100 g Sahne

🕐 **20 Minuten**

1 Den Backofen auf 210 °C (Umluft 190 °C, Gas Stufe 4) vorheizen. Nüsse mahlen. Eier trennen.

2 Eigelbe mit Honig, 4 Esslöffeln heißem Wasser und Öl sehr schaumig rühren, bis die Masse hell und cremig ist. Eiweiß steif schlagen. Mit Nüssen und Mehl unterziehen. Ein Backblech mit Backpapier auslegen, die Biskuitmasse aufstreichen und im Backofen (mittlere Schiene) 8 bis 10 Minuten backen.

3 Biskuit herausnehmen, auf ein feuchtes Tuch oder auf ein mit Puderzucker bestreutes Papier stürzen, Backpapier abziehen.

4 Konfitüre erhitzen, Biskuit sofort damit bestreichen, einrollen und auskühlen lassen. Sahne steif schlagen und die erkaltete Biskuitrolle damit verzieren.

Tipp der Köchin

Wenn Sie Ihre Biskuitrolle mit Creme füllen wollen, stürzen Sie den Biskuit auf ein gezuckertes Papier, legen ein weiteres Stück Papier darauf und rollen ihn mitsamt den Papierblättern ein. Nach dem Erkalten auseinander wickeln, mit Creme bestreichen und aufrollen.

Ideal, wenn es einmal schnell gehen muss: die Biskuitrolle.

Sehr saftiger Sommerkuchen

Zucchinikuchen

Der Zucchinikuchen kommt aus Amerika, wo er auch gern mit Ahornsirup statt Zucker gesüßt wird.

Für 16 Stücke
Teig:
4 Eier
100 g Butter (oder 125 ml Öl)
180 g Zucker
300 g Zucchini
1/4 TL Vanillepulver
1 TL Zimt
1/2 TL gemahlene Nelken
2 EL Kakaopulver
125 g Joghurt
300 g Kamutmehl
1 TL Backpulver
Fett und Mehl für die Form
Glasur:
125 g Vollmilchschokolade
100 g Butter
10 g Kokosfett

🕒 90 Minuten

1 Eier trennen. Butter mit Zucker und Eigelben schaumig rühren.

2 Zucchini waschen und fein reiben. Gewürze, Kakaopulver, geriebene Zucchini und Joghurt unter die Schaummasse mischen.

3 Eiweiße zu steifem Schnee schlagen, abwechselnd mit Mehl und Backpulver unterziehen.

4 Den Teig in eine gefettete und bemehlte Kastenform (Länge 30 Zentimeter) füllen und in den Backofen (untere Schiene) stellen. Bei 180 °C (Umluft 160 °C, Gas Stufe 2–3) etwa 50 Minuten backen. Auskühlen lassen.

5 Schokolade, Butter und Kokosfett im Wasserbad schmelzen, verrühren und etwas abkühlen lassen. Den Zucchinikuchen mit der Glasur überziehen.

Tipp der Köchin

Zucchini und Joghurt machen diesen Kuchen besonders saftig. Er hält sich mehrere Tage frisch. Anstelle von Joghurt können Sie auch Sauermilch oder Buttermilch verwenden.

Englischer Kuchen

Für 16 Stücke

40 g Orangeat, 40 g Zitronat
50 g Rosinen, 50 g Korinthen
2 EL Rum
5 Eier
150 g Butter
150 g Zucker
1/4 TL Vanillezucker
abgeriebene Schale von 1 Zitrone
200 g Kamutmehl
1 TL Backpulver
Butter und Mehl für die Form

🕐 **90 Minuten**

1 Orangeat und Zitronat fein würfeln, mit Rosinen, Korinthen und Rum mischen. Eier trennen.

2 Butter, Zucker und Eigelbe schaumig rühren. Eiweiß zu steifem Schnee schlagen. Gewürze, Mehl, Backpulver und kandierte Früchte unter den Teig mischen. Zuletzt den Eischnee darunter heben.

3 Den Teig in eine gefettete und bemehlte Kastenform (Länge 25 Zentimeter) einfüllen und in den kalten Backofen stellen. Bei 180 °C (Umluft 160 °C, Gas Stufe 2–3) etwa 50 Minuten backen. Auf einem Kuchengitter abkühlen lassen.

Orangeat, Zitronat, Rosinen und Rum geben dem Englischen Kuchen seinen unverwechselbaren Geschmack.

Tipp der Köchin

Falls der Kuchen zu schnell braun werden sollte, nach 40 Minuten Backzeit mit Alufolie oder Pergamentpapier abdecken!

Mürbe, saftig und aromatisch

Gedeckter Apfelkuchen

Verwenden Sie für Apfelkuchen am besten feinsäuerlich-milde Apfelsorten, etwa Gravensteiner, Gloster oder Alkmene.

Für 16 Stücke

Teig:
400 g Kamutmehl
1/2 Päckchen Backpulver
250 g Butter
100 g Puderzucker
1/2 TL Vanillepulver
abgeriebene Schale von 1 Zitrone
Salz
4 Eigelbe
4 EL Weißwein
Butter für das Blech

Apfelfüllung:
1–1 1/2 kg Äpfel
80 g Zucker
Saft von 1 Zitrone
1/2 TL Zimt
1 Messerspitze gemahlene Nelken
100 g Rosinen
1 Ei zum Bestreichen

🕐 **85 Minuten**

1 Mehl und Backpulver auf ein Brett sieben, die kalte Butter in Stückchen darunter mischen. Puderzucker, Vanillepulver, Zitronenschale, 1 Prise Salz, Eigelbe und Weißwein dazugeben und vermischen, bis die Masse krümelig ist. Den Teig rasch mit den Händen zusammenkneten. 30 Minuten kühl stellen.

2 Inzwischen für die Füllung die Äpfel waschen, schälen, achteln und dabei vom Kerngehäuse befreien. Mit Zucker, Zitronensaft und den Gewürzen in einen Topf geben und einmal aufkochen. Anschließend die Äpfel zugedeckt bei schwacher Hitze 10 Minuten dünsten. Etwas abkühlen lassen und die Rosinen dazugeben.

3 Den Backofen auf 200 °C (Umluft 180 °C, Gas Stufe 3–4) vorheizen. Die Hälfte des Teigs zwischen zwei Lagen Frischhaltefolie in der Größe des Backblechs ausrollen. Dann von der Teigplatte eine Lage Folie abziehen. Die Platte mit der Teigseite nach unten auf ein gefettetes Backblech legen, die obere Folie abziehen. Die zweite Teighälfte ebenfalls zu einer Platte in der Größe des Backblechs ausrollen. Die Apfelfüllung auf dem Teigboden verteilen. Die zweite Teigplatte darauf legen, eventuell überstehende Teigreste leicht andrücken. Mit verquirltem Ei bestreichen.

4 Den Kuchen in den Backofen schieben und 20 Minuten backen, dann auf 180 °C (Umluft 160 °C, Gas Stufe 2–3) zurückschalten und in etwa 15 Minuten fertig backen.

Der Klassiker: Gedeckter Apfelkuchen nach Großmutters Rezept.

Klassiker

Apfelstrudel

Für 12 Stücke
Teig:
250 g Kamutmehl
Salz
1 Messerspitze Backpulver
200 g Butter
200 g Magerquark
1 kleines Ei
Butter für das Blech
1 Ei zum Bestreichen
Puderzucker zum Bestäuben
Füllung:
1 kg Äpfel
50 g Rosinen
1 EL Rum
Saft von 1 Zitrone
50 g Zucker
1 TL Zimt
1/2 TL gemahlene Nelken
1/4 TL Vanillepulver
30 g Semmelbrösel

🕐 **120 Minuten**

1 Mehl mit 1 Prise Salz und Backpulver mischen, die kalte Butter in
Stückchen zugeben, abbröseln, Magerquark und Ei zugeben und mit
den Händen rasch zu einem glatten
Teig kneten. Mindestens 1 Stunde
kalt stellen.

2 Äpfel waschen, schälen, vierteln,
vom Kerngehäuse befreien und blättrig schneiden. Rosinen waschen, mit
dem Rum vermischen. Äpfel, Zitronensaft, Zucker, Rosinen, Gewürze
und Semmelbrösel gut mischen.

Tipp der Köchin

Bei der Zubereitung ei-
nes Quarkknetteigs mit
Kamutmehl nimmt
man zusätzlich etwas
Ei, damit der Teig bes-
ser zusammenhält.
Wichtig: Den Teig län-
gere Zeit, am besten
über Nacht, im Kühl-
schrank ruhen lassen!

3 Backofen auf 200 °C (Umluft
180 °C, Gas Stufe 3–4) vorheizen.
Den Teig messerrückendick zu einem
Rechteck ausrollen, auf Backpapier
legen, die Seitenränder mit dem
Teigrad abschneiden. Die Apfelfüllung auf das mittlere Teigdrittel
verteilen, die beiden Seitenteile
darüber zusammenschlagen.

4 Den Strudel mit dem Backpapier
auf ein gefettetes Backblech heben.
Aus den Teigresten Streifen schneiden, den Strudel damit verzieren.
Mit verquirltem Ei bestreichen.

5 In den Backofen schieben und
30 Minuten backen. Auf dem Blech
abkühlen lassen. Danach mit Puderzucker bestäuben.

Traditionelles Festgebäck

Kamutzopf

Für 16 Stücke
30 g Hefe
300 ml Milch
60 g Butter
250 g Dinkelmehl
250 g Kamutmehl
Salz, 2 EL Honig
2 Eigelbe
1/2 TL gemahlener Anis
abgeriebene Schale von 1 Zitrone
100 g Rosinen
1 Ei zum Bestreichen
Butter für das Backblech

🕐 **80 Minuten**

1 Hefe in der handwarmen Milch auflösen. Butter zergehen lassen. Dinkel- und Kamutmehl mischen, mit 1 Prise Salz, Hefemilch, Butter, Honig, Eigelben, Anis und Zitronenschale zu einem mittelfesten Teig verarbeiten. Die Rosinen zum Schluss darunter kneten.

2 Den Teig 20 Minuten zugedeckt an einem warmen Ort gehen lassen (der Teig wird während des Gehens noch fester). Dann nochmals durchkneten. Den Teig in drei gleich große Stücke teilen, diese zu langen dünnen Strähnen ausrollen und einen Zopf daraus flechten. Den Zopf mit verquirltem Ei bestreichen.

3 Den Zopf auf ein gefettetes Backblech legen und in den Backofen schieben (unterste Schiene). Bei 200 °C (Umluft 180 °C, Gas Stufe 3–4) etwa 30 Minuten backen.

Tipp der Köchin

Dieser Teig eignet sich auch für alle anderen frei geformten so genannten Gebildgebäcke, also Backwaren, für die der Teig nicht einfach in eine Kuchenform gefüllt wird. Backen Sie daraus einen Osterfladen oder ein Ringbrot. Und zum Kindergeburtstag gibt's ein Männchen mit Rosinenaugen.

Überrascht durch seine dunkle Farbe: der Hefezopf aus Kamut.

Wenn Sie Rosinen nicht mögen, kneten Sie 100 Gramm gehackte Haselnüsse unter den Teig.

Tipp der Köchin

Mürbeteig für Plätzchen kann man (in Folie gewickelt) etwa 2 Wochen im Kühlschrank oder 2 bis 3 Monate in der Tiefkühltruhe aufbewahren.

Für Geübte

Nuss-Kokos-Schnitten

Für 16 Stück
Teigboden:
60 g Haselnüsse
250 g Kamutmehl
Salz
1 Päckchen Vanillezucker
abgeriebene Schale von 1 Zitrone
1 TL Zimt
100 g Puderzucker
1–2 Eier (je nach Größe)
150 g Butter
Fett und Mehl für das Blech
Belag:
100 g Aprikosenkonfitüre
2 Eiweiß
100 g Honig
100 g Kokosraspel
100 g Haselnüsse
Saft und abgeriebene Schale von 1 Zitrone

🕐 **100 Minuten**

1 Nüsse für Teig und Belag mahlen. Mehl in eine Schüssel geben, salzen. In die Mitte eine Vertiefung drücken.

2 Vanillezucker, Gewürze, geriebene Nüsse, Zucker und Ei hineingeben und mit einem Teil des Mehls zu einem dicken Brei verrühren.

3 Die kalte Butter in Stückchen schneiden und auf den Brei geben, mit Mehl bedecken und von der Mitte aus alle Zutaten zu einem glatten Teig verkneten. 40 Minuten im Kühlschrank ruhen lassen.

4 Den Teig auf ein gefettetes, bemehltes Blech legen und 1/2 Zentimeter dick ausrollen. Aprikosenkonfitüre leicht erwärmen, glatt rühren, und den Teig damit bestreichen. Den Backofen auf 170 °C (Umluft 150 °C, Gas Stufe 2) vorheizen.

5 Für den Belag Eiweiß zu sehr steifem Schnee schlagen und nach und nach den Honig einschlagen. Kokosraspel, Nüsse, Zitronensaft und -schale zugeben, unterheben und auf dem Teig verteilen. Die Kokosmasse glatt streichen, 20 Minuten ruhen lassen.

6 Im Backofen (untere Schiene) etwa 20 Minuten backen. Noch heiß in Rauten schneiden.

Klassiker

Linzer Augen

Für 40 Stück
200 g Kamutmehl
Salz
150 g Butter
70 g Mandeln
30 g Puderzucker
1 Ei
abgeriebene Schale von 1 Zitrone
1 Päckchen Vanillezucker
Mehl für die Arbeitsfläche
Butter für das Blech
100 g Himbeerkonfitüre zum Füllen
Puderzucker zum Bestäuben

🕐 **60 Minuten**

1 Mehl auf ein Brett sieben, salzen, die kalte Butter hineinschneiden und den Teig mit den Händen abbröseln. Mandeln fein mahlen.

2 Puderzucker, Mandeln, Ei und Gewürze zugeben und alles rasch zu einem glatten Teig verkneten. 30 Minuten ruhen lassen.

3 Den Teig auf einem leicht bemehlten Brett etwa 3 Millimeter dick ausrollen. Mit einer runden Ausstechform oder mit einem Glas Scheiben ausstechen. Aus der Hälfte der Plätzchen zusätzlich noch mit einer kleineren Form ein Loch in der Mitte ausstechen.

4 Die Plätzchen auf ein gefettetes Blech legen und bei 180 °C (Umluft 160 °C, Gas Stufe 2–3) 8 bis 10 Minuten backen.

5 Die abgekühlten Ringe und Scheiben mit verrührter Himbeerkonfitüre zusammensetzen. Danach mit Puderzucker bestäuben.

Tipp der Köchin

In einer gut schließenden Blechdose halten sich diese feinen Weihnachtsplätzchen mehrere Wochen lang und schmecken auch noch nach dem Fest.

Die gelungene Kombination von Aprikosen, Kokos und Nüssen.

Leichte Biskuitschnitten

Pharaonenhausfreunde

Bei dem lustigen Namen denkt man in Österreich nicht an zweideutige Freunde der Familie. Dort sind die »Hausfreunde« überall beliebte Biskuitschnittchen. Und die alten Pharaonen hätten sicher Kamutmehl dafür verwendet ...

Für 20 Stück

Teig:
50 g Orangeat
50 g Zitronat
50 g Korinthen
50 g Haselnüsse
3 Eier
100 g Puderzucker
100 g Kamutmehl
1 EL Rum
1 TL Backpulver
Saft und abgeriebene Schale von 1 Zitrone
1 TL Zimt
1 Messerspitze gemahlener Kardamom
Fett und Mehl für das Blech

Glasur:
100 g Puderzucker
2 EL Rum oder Cognac (ersatzweise Zitronensaft)
etwas heißes Wasser

🕐 **40 Minuten**

1 Kandierte Früchte klein schneiden, Korinthen waschen und abtropfen lassen. Die Nüsse grob hacken.

2 Die Eier mit dem Zucker sehr schaumig schlagen. Mehl, Backpulver, kandierte Früchte, Rum und Gewürze unterziehen.

3 Den Backofen auf 200 °C (Umluft 180 °C , Gas Stufe 3–4) vorheizen. Den Teig auf ein gefettetes und bemehltes Blech streichen und etwa 15 Minuten backen.

4 Für die Glasur den gesiebten Puderzucker mit etwas heißem Wasser und Rum oder Cognac verrühren, bis ein eingetauchter Löffelrücken von der Glasur schön überzogen wird.

5 Den gebackenen Biskuitteig noch warm mit der Glasur überziehen, diese etwas anziehen lassen und dann das Gebäck in Rauten schneiden. In einer gut schließenden Blechdose aufbewahren.

Tipp der Köchin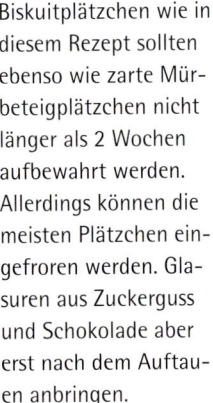

Biskuitplätzchen wie in diesem Rezept sollten ebenso wie zarte Mürbeteigplätzchen nicht länger als 2 Wochen aufbewahrt werden. Allerdings können die meisten Plätzchen eingefroren werden. Glasuren aus Zuckerguss und Schokolade aber erst nach dem Auftauen anbringen.

Vanillekipferl backen

1 *Den Teig zu Rollen von etwa 4 Zentimeter Durchmesser drehen und in den Kühlschrank stellen.*

2 *Scheibchen abschneiden, diese zu kleinen Rollen mit dünneren Enden drehen. Kipferl formen.*

3 *Die gebackenen Kipferl noch heiß mit Zucker bestäuben und auf einem Kuchengitter auskühlen lassen.*

Traditionell und beliebt

Vanillekipferl

Für 25 Stück

150 g Kamutmehl
50 g Buchweizenmehl
Salz, 1 TL Vanillepulver
100 g Butter
70 g Puderzucker
50 g gemahlene Mandeln
1 Ei
1 Päckchen Vanillezucker

🕐 **60 Minuten**

1 Mehle mit 1 Prise Salz und Vanillepulver mischen. Die kalte Butter in Stückchen hineinschneiden, mit dem Mehl abbröseln. 40 Gramm Puderzucker, Mandeln und Ei zugeben, gut durchkneten. 30 Minuten kühl stellen.

2 Den Teig zu Rollen drehen, diese in Scheibchen schneiden und Kipferl daraus formen (siehe links).

3 Die Kipferl auf ein mit Backpapier ausgelegtes Blech setzen und bei 190 °C (Umluft 170 °C, Gas Stufe 3) etwa 10 Minuten backen.

4 Restlichen Puderzucker mit Vanillezucker mischen und die Kipferl noch heiß damit bestäuben.

Vanillekipferl dürfen zu keinem Weihnachtsfest fehlen.

Tipp der Köchin

Die Kipferl erst nach 5 Minuten vom Blech lösen, dann brechen sie nicht so leicht.

Gewürzt nach der Hl. Hildegard

Nussplätzchen

Muskat wirkt nach Hildegard von Bingen als Universalnervenmittel, gegen Trübsinn, Ermüdung und Konzentrationsschwäche. Zimt ist angesagt bei hormoneller Fehlsteuerung und Stoffwechselstörungen, Nelken bei Gicht und Arteriosklerose und Galgant bei Herzschmerzen und -schwäche, Kopfschmerzen, Erschöpfungs- und Schwächezuständen.

Für 40 Stück

200 g Haselnüsse
250 g Kamutmehl
Salz
1 TL Backpulver
100 g Puderzucker
etwas abgeriebene Zitronenschale
1/2 TL Vanillepulver
1 TL Zimt
1 Prise Galgant
2 Messerspitzen gemahlene Muskatnuss
1 Messerspitze gemahlene Nelken
150 g Butter, 3 Eier
Mehl für die Arbeitsfläche

🕐 **80 Minuten**

1 Nüsse fein mahlen. Mehl mit 1 Prise Salz und Backpulver auf ein Brett sieben. Mit Zucker, Zitronenschale und den Gewürzen gründlich vermischen. In die Mitte eine Mulde drücken, die kalte Butter hineinschneiden, Nüsse und 2 Eier hinzufügen. Alle Zutaten mit den Händen rasch zu einem glatten Teig verkneten.

2 Den Teig in Pergamentpapier eingewickelt etwa

1 Stunde kühlen. Auf einer bemehlten Arbeitsfläche etwa messerrückendick ausrollen. Mit Ausstechförmchen oder einem Trinkglas Plätzchen ausstechen und auf ein Backblech legen. Das restliche Ei verquirlen und die Plätzchen damit bestreichen.

3 Das Blech in den Backofen (mittlere Schiene) schieben, und die Plätzchen bei 180 °C (Umluft 160 °C, Gas Stufe 2–3) etwa 10 Minuten backen. Solange sie noch heiß sind, vom Blech lösen. Auf einem Kuchengitter auskühlen lassen und in einer gut schließenden Blechdose aufbewahren.

Besonders aromatisch

Lebkuchenherzen

Für 25 Stück
Teig:
280 g Kamutmehl
1 TL Natron
1 TL Lebkuchengewürz oder je 1 TL Zimt und Piment sowie 1 Messerspitze gemahlene Nelken
abgeriebene Schale von 1 Zitrone
100 g Zucker
60 g Honig
3 Eier
Glasur:
100 g Vollmilchschokolade
60 g Butter
2 EL Sahne

🕐 **70 Minuten**

1 Mehl mit Natron und Gewürzen mischen. Zucker, Honig und 2 Eier zugeben und rasch zu einem glatten Teig kneten. Den Teig zugedeckt 30 Minuten ruhen lassen.

2 Den Teig auf einer bemehlten Arbeitsfläche knapp fingerdick ausrollen. Herzen ausstechen und auf ein mit Backpapier ausgelegtes Backblech legen. Restliches Ei verquirlen, die Lebkuchen damit bestreichen.

3 Die Lebkuchen im Backofen (mittlere Schiene) bei 180 °C (Umluft 160 °C, Gas Stufe 2–3) etwa 20 Minuten backen. Auf einem Kuchengitter auskühlen lassen.

4 Die Schokolade im Wasserbad schmelzen lassen, Butter und Sahne zugeben und rühren, bis die Glasur glatt und glänzend ist. Die Lebkuchen halb mit Schokoladenglasur überziehen.

Tipp der Köchin

Wenn es schnell gehen muss, überziehen Sie die Lebkuchen mit fertig gekaufter Fettglasur. Achtung Allergiker: Diese Fettglasuren enthalten oft Erdnussfett! Honiggebäck ist nach dem Backen oft hart. Lagern Sie es einige Tage an der Luft, dann wird es weich.

Ob Alt oder Jung – bei Lebkuchenherzen kann niemand widerstehen.

Brot und Kleingebäck

Duftende selbst gebackene Brötchen, wie etwa Kamutweckerl oder -knöpfe, zum Frühstück – so kann ein Tag eigentlich nur gut beginnen. Herzhaft gewürzte Fladen packen Sie sich selbst fürs Büro und den Kindern zur Pause ein. Und das ofenfrische knusprige Zwiebel-Kamut-Baguette servieren Sie Ihren Freunden an einem lauen Sommerabend mit Oliven und Schafskäse zum Rotwein.

Wenn Sie nicht zwei Stunden vor dem Frühstück aufstehen wollen, lassen Sie den Teig für die Kamutweckerl einfach über Nacht im Kühlschrank gehen. Am Morgen nur noch Brötchen formen und backen.

Zum Frühstück

Kamutweckerl

Für 20 Stück

500 g Kamutmehl
1 TL Salz
20 g Hefe
10 g Honig
30 g Sonnenblumenöl
Fett für das Blech
Sesamsamen zum Bestreuen

🕐 **70 Minuten**

1 Mehl und Salz mischen, in eine große Schüssel geben und in die Mitte eine Mulde drücken. 300 Milliliter lauwarmes Wasser mit Hefe und Honig gründlich verrühren, in die Mulde gießen und etwas Mehl darüber streuen. Die Schüssel abgedeckt für etwa 15 Minuten an einen warmen Ort stellen.

2 Das Öl zum Vorteig geben und alles gut durchkneten. Den Teig ungefähr 15 Minuten an einem warmen Ort gehen lassen. Den Backofen auf 230 °C (Umluft 210 °C, Gas Stufe 4–5) vorheizen.

3 Den gegangenen Teig noch einmal kräftig durchkneten. Aus dem Teig etwa 20 Brötchen formen, auf ein gefettetes Backblech legen und mit Wasser bestreichen. Brötchen mit Sesam bestreuen, diesen leicht andrücken. Brötchen noch einmal etwa 10 Minuten gehen lassen.

4 Kamutweckerl 20 bis 25 Minuten backen. Wenn die Brötchen zu schnell dunkel werden, mit Alufolie abdecken. Die fertigen Brötchen auf ein Gitter legen und noch einmal kurz mit Wasser bestreichen.

Tipp der Köchin

Aus dem Kamutweckerlteig können Sie auch ein würziges Kastenbrot backen. Fügen Sie dem Teig noch 10 Gramm Kümmel-, 5 Gramm Fenchel- und 5 Gramm Koriandersamen hinzu.

Schnell

Jourgebäck

Für 24 Stück

300 g Kamutmehl
200 g Weizenmehl
1 TL Salz, 1 TL Brotgewürz
1/4 l Buttermilch
40 g Butter
20 g Hefe
Fett für das Blech
1 Ei zum Bestreichen
Mohn-, Sesam- und Kümmelsamen zum Bestreuen

🕐 **50 Minuten**

1 Kamut- und Weizenmehl mit Salz und Brotgewürz mischen. Milch mit Butter erwärmen. Hefe in der lauwarmen Milch auflösen, alles zum Mehl geben und zu einem eher festen Teig verkneten.

2 Den Teig zugedeckt an einem warmen Ort 30 Minuten gehen lassen, dann nochmals durchkneten. Den Backofen auf 220 °C (Umluft 200 °C, Gas Stufe 4–5) vorheizen. Verschiedenes Gebäck wie Brötchen, Hörnchen, Zöpfchen formen. Auf ein gefettetes Blech legen.

3 Die Teile mit verquirltem Ei bestreichen und mit Mohn, Sesam und Kümmel bestreuen. Die Samen leicht andrücken und das Gebäck noch einmal 10 Minuten gehen lassen.

4 Die Brötchen 20 bis 25 Minuten backen. Anschließend noch etwa 5 Minuten im abgeschalteten Ofen liegen lassen, dann auf ein Gitter legen und mit Wasser bestreichen.

Tipp der Köchin

Zu Kamut- und Dinkelbroten wird gerne Milch oder Buttermilch verwendet, dadurch wird das Brot noch milder und feiner im Geschmack.

Selbst gemachtes Jourgebäck aus Kamut schlägt im Geschmack jedes Bäckerprodukt um Längen.

Eine fertige Gewürzmischung für herzhafte Brote bekommen Sie als Brotgewürz im Reformhaus und Naturkostladen. Wenn Sie die Gewürze lieber selbst mischen, nehmen Sie zu gleichen Teilen Samen von Koriander, Kümmel, Fenchel und Anis.

Würzig

Zwiebel-Kamut-Baguette

Schabzigerklee (Trigo-
nella caerulea), ein
Verwandter des wilden
Steinklees mit sehr
eigenem, charakteristi-
schem Geschmack,
wird im Schweizer und
Allgäuer Raum als
Käsegewürz angebaut.
Sein alter öster-
reichisch-bayerischer
Name »Brotklee« weist
aber auch auf die tradi-
tionelle Verwendung als
Brotgewürz hin.

Für 2 Baguettes

300 g Kamutmehl

1 TL Salz

je 1 TL gemahlener Kümmel und
Fenchel

etwas Schabzigerklee

20 g Hefe

300 ml Milch

100 g Zwiebeln

4 EL Sonnenblumenöl

Mehl für die Arbeitsfläche

Fett für das Blech

🕐 **90 Minuten**

1 Mehl in eine vorgewärmte Schüssel geben, Salz und Gewürze an den
Rand streuen.

2 Hefe in etwas lauwarmer Milch
auflösen, in das Mehl eine Mulde
drücken, die aufgelöste Hefe hineingeben und mit etwas Mehl vom
Rand verrühren. Diesen Vorteig bei
Zimmertemperatur etwa 15 Minuten gehen lassen,
bis er sichtbar
aufgegan-
gen ist.

*Ohne Zwiebelschneiden
geht es hier nicht: das
herzhaft-würzige Zwie-
bel-Kamut-Baguette.*

3 Die Zwiebeln abziehen und fein
würfeln. In 2 Esslöffeln heißem Öl
goldgelb anrösten, abkühlen lassen.

4 Restliche Milch, restliches Öl und
Zwiebeln zum Vorteig geben, alles
gut vermengen und etwa 10 Minuten kneten, bis der Teig Blasen wirft.
Den Teig zugedeckt bei Zimmertemperatur 30 Minuten gehen lassen.

5 Auf der bemehlten Arbeitsfläche
nochmals durchkneten. Halbieren
und zwei längliche Baguettes formen. Diese auf ein gefettetes Backblech legen, an den Oberseiten mit
einem scharfen Messer einige Male
schräg einschneiden und weitere
15 Minuten gehen lassen.

6 In den kalten Backofen (mittlere
Schiene) schieben und bei 200 °C
(Umluft 180 °C, Gas Stufe 3–4) etwa
30 Minuten backen.

7 Die fertigen Baguettes herausnehmen, mit Wasser bestreichen
und auf einem Kuchengitter abkühlen lassen.

Tipps der Köchin

Anstelle der Zwiebeln können Sie auch
fein gehackte gemischte Kräuter (Petersilie, Schnittlauch, Kerbel, Dill, Majoran, Thymian) unter den Teig kneten.
Das Baguette schmeckt am besten
ofenfrisch, zum Beispiel mit Schafs-
oder Ziegenkäse und eingelegten Oliven zu einem roten Landwein.

Macht kaum Arbeit

Italienische Fladen

Gomasio ist ein Sesamsalz aus gerösteten, gemahlenen Sesamkernen mit Meersalz (im Verhältnis 8:1). Sie können Gomasio auch selbst herstellen, indem Sie Sesamsamen und Meersalz in einer trockenen Pfanne getrennt rösten, dann mischen und in einem Mörser fein zerdrücken oder mahlen.

Für 12 Stück

200 g Kamutmehl
1 TL Salz
6 EL Olivenöl
1 EL geriebener Parmesan
1 EL Gomasio
1 TL gemahlener Kümmel
Kümmel, Mohn und Sesam
zum Bestreuen

🕐 **65 Minuten**

1 Mehl mit 300 Millilitern Wasser und allen anderen Zutaten gut verrühren (fast flüssiger Teig) und 30 Minuten stehen lassen. Backofen auf 200 °C (Umluft 180 °C, Gas Stufe 3–4) vorheizen.

2 Mit einem angefeuchteten Teigspatel auf ein mit Backpapier ausgelegtes Blech 12 dünne Fladen aufstreichen. Mit Sesam, Kümmel und Mohn dicht bestreuen.

3 Die Fladen im vorgeheizten Backofen etwa 10 Minuten backen. Auf 150 °C (Umluft 130 °C, Gas Stufe 1) zurückschalten, die Fladen umdrehen und in weiteren 8 bis 10 Minuten fertig backen.

Zum Knabbern

Gewürzfladen

Für 12 Stück

200 g Kamutmehl
100 g Weizenmehl
1 TL gemahlener Koriander
etwas gemahlener Kreuzkümmel
1 TL Kräutersalz
5 EL Sonnenblumenöl
50 g Sonnenblumenkerne
Fett für das Blech

🕐 **30 Minuten**

1 Mehle mit Gewürzen, Salz, Öl und 125 Millilitern Wasser zu einem glatten Teig verkneten. Sonnenblumenkerne fein hacken und in den Teig einarbeiten, einige Minuten ruhen lassen. Den Backofen auf 225 °C (Umluft 200 °C, Gas Stufe 4–5) vorheizen.

2 Den Teig in 12 Stücke teilen, dünne Fladen ausrollen und auf ein gefettetes Backblech legen. Die Fladen 12 bis 15 Minuten backen.

Tipp der Köchin

Kneten Sie statt der Sonnenblumenkerne auch einmal Leinsamen oder Sesam unter den Teig. Die Fladen sind immer wieder schnell und einfach zubereitet und längere Zeit haltbar. Sie schmecken mit süßem oder pikantem Aufstrich, und Kinder knabbern sie »ohne alles« gerne zwischendurch.

Brioche einmal anders

Kamutknöpfe

Für 12 Stück

300 g Kamutmehl

100 g Dinkelmehl

1 TL Salz, 30 g Hefe

1 TL Zucker, 1 Ei

1 TL gemahlener Kümmel

Butter für die Form

Milch zum Bestreichen

Mohn zum Bestreuen

🕐 **60 Minuten**

1 Mehle mischen, salzen. Von 220 Milliliter lauwarmem Wasser einige Esslöffel abnehmen, die Hefe damit anrühren und zum Mehl geben. Zucker, Ei, Kümmel und restliches Wasser hinzufügen und alles zu einem geschmeidigen Teig kneten. 30 Minuten gehen lassen.

2 Den Teig nochmals durchkneten und kleine Kugeln formen, in ausgefettete Brioche- oder Muffinförmchen setzen und noch etwa 10 Minuten aufgehen lassen.

3 Mit Milch bestreichen und mit Mohn bestreuen; in den Backofen schieben und bei 220 °C (Umluft 200 °C, Gas Stufe 4–5) etwa 18 Minuten backen.

Kamutknöpfe schmecken solo, mit Butter, Räucherlachs oder rohem Schinken.

Schmeckt gut zu Käse

Schmeckt gut zu Käse

Walnussbrot

Die Walnuss ist sehr fetthaltig und diente schon den alten Griechen zur Ölgewinnung. Walnusskerne steigern den Blutdruck und wirken blutreinigend. Sie sind reich an Mineralstoffen – vor allem an Zink und Kalium – und Vitamin E.

Für 1 Laib

30 g Hefe

1 EL Honig

400 g Kamutmehl

200 g Weizenvollkornmehl

1 TL Salz

1 TL Korianderkörner

2 EL Walnussöl

100 g Walnusskerne

100 g Weizenmehl (Type 405)

Fett für das Blech

6 EL Milch zum Bestreichen

🕐 **120 Minuten**

1 Von 450 Milliliter lauwarmem Wasser einige Esslöffel abnehmen. Darin die Hefe mit Honig auflösen und zum Kamut- und Weizenvollkornmehl geben. Salz, zerstoßenen Koriander und Öl hinzufügen. Alles gut zusammenkneten.

2 Den Teig bei Zimmertemperatur zugedeckt etwa 40 Minuten gehen lassen.

3 Das helle Weizenmehl und die Walnüsse unter den Teig kneten. Aus dem Teig einen runden Laib formen. Nochmals mit einem warmen Tuch zugedeckt etwa 30 Minuten gehen lassen. Den Backofen auf 220 °C (Umluft 200 °C, Gas Stufe 4–5) vorheizen. Die Walnüsse grob hacken.

4 Den Brotlaib auf ein gefettetes Backblech legen, mit Milch bestreichen und im Backofen 50 bis 60 Minuten auf der unteren Schiene backen. Noch heiß mit Wasser bepinseln, damit er glänzt. Auf einem Kuchengitter auskühlen lassen.

So gelingt das Brotbacken

- Das Salz mit dem Mehl mischen und nicht direkt auf die Hefe geben.
- Wasser oder Milch leicht anwärmen. Dadurch geht der Teig schneller. Auf keinen Fall heißes Wasser verwenden.
- Die Zutaten gut mischen, bevor Sie den Teig kneten. Eine Küchenmaschine erleichtert die Arbeit des Knetens.
- Ein Gefäß mit Wasser in den Backofen stellen. Genügend Wasserdampf im Ofen trägt zum Gelingen des Brotes bei!
- Zum Gehen den Teig zugedeckt warm stellen. Die ideale Temperatur sind 25 °C. In zu warmer Umgebung gegangener Hefeteig fällt nach dem Backen zusammen, wenn er zu kalt steht, dauert das Gehen sehr lange.
- Teig nicht zu lange gehen lassen, sonst fällt er nach dem Backen zusammen. Grundregel: Wenn sich der Teig etwa verdoppelt hat, ist die Gehzeit beendet.
- Das Brot ist gar, wenn sich ein hohles Geräusch ergibt, sobald man gegen den Boden klopft.

Leicht und bekömmlich

Kamut-Dinkel-Brot

Für 1 Kastenform von 30 cm Länge

200 g Kamutmehl

100 g Dinkelmehl

Salz, 1 EL Sonnenblumenöl

20 g Hefe

1 EL Honig

Butter und 3 EL Sesamsamen
für die Form

🕐 **40 Minuten**

1 Zu den Mehlen 1 Prise Salz und das Öl geben. Von 150 Milliliter lauwarmem Wasser einige Esslöffel abnehmen, damit die Hefe und den Honig glatt rühren und zu der Mehlmischung geben.

2 Restliches Wasser zufügen und alles zu einem lockeren Teig kneten. Den Teig zugedeckt an einem warmen Ort 30 Minuten gehen lassen. Backofen auf 210 °C (Umluft 190 °C, Gas Stufe 4) vorheizen.

3 Teig noch einmal kräftig durchkneten. Den Boden einer gefetteten Kastenform mit Sesamsamen ausstreuen und den Teig einfüllen. Im Backofen 60 Minuten backen. Falls das Brot zu schnell dunkel wird, mit Alufolie abdecken.

Das Walnussbrot ist eine besonders edle Delikatesse zu Wein und Käse.

Die Banane mit ihren zehn verschiedenen Vitaminen und 18 Mineralstoffen kann Magen- und Darmerkrankungen heilen, wirkt hervorragend gegen negativen Stress und Leistungstiefs bei körperlicher wie geistiger Arbeit ebenso wie als Aufbaukost für Kinder. Am besten verwendet man die Bananen vollreif, also goldgelb mit hellbraunen Tupfen.

Einfach

Bananenbrot

Für 1 Kastenform von 24 cm Länge

4 Bananen
70 g Nüsse oder Mandeln
3 Eier
6 EL Sonnenblumenöl
3 EL Honig
200 g Kamutmehl
1/2 TL Backpulver
1/2 TL Vanillepulver
Zimt und gemahlene Nelken
Butter und Mehl für die Form
Aprikosenkonfitüre zum Bestreichen
Kokosflocken zum Bestreuen

🕐 **80 Minuten**

1 Bananen schälen und mit einer Gabel zerdrücken. Nüsse oder Mandeln grob hacken. Eier trennen.

2 Eigelbe, Öl, Honig und Bananen schaumig rühren. Mehl mit Backpulver und Gewürzen mischen. Eiweiß zu steifem Schnee schlagen. Mehlgemisch, Eischnee und gehackte Nüsse oder Mandeln unter die Schaummasse ziehen.

3 Den Teig in eine gefettete und bemehlte Kastenform einfüllen und in den Backofen schieben (zweite Schiene von unten). Bei 180 °C (Umluft 160 °C, Gas Stufe 2–3) etwa 50 Minuten backen.

4 Das Brot aus dem Ofen nehmen und nach etwa 5 Minuten auf ein Gitter stürzen, mit Aprikosenkonfitüre bestreichen und mit Kokosflocken bestreuen.

Tipps der Köchin

Geben Sie Ihren Kindern Bananenbrot pur oder mit Butter oder Frischkäse bestrichen zur Pause oder auf Reisen mit. Sie werden sehen – dieses vollwertige süße Brot findet begeisterte Abnehmer!
Bei Kindern besonders beliebt ist die Variante mit der eingebackenen Banane: Dafür nur 3 Bananen zerdrücken, die vierte ganz lassen. Eine Hälfte des Teigs in die Form füllen, die Banane längs darauf legen, den restlichen Teig einfüllen, glatt streichen und backen.

Die Autorinnen

Gabriele Gfrerer führt seit Jahren in Salzburg ein Reformhaus und hat damit Ihr Hobby, die Beschäftigung mit naturbelassenen Lebensmitteln zum Beruf gemacht. Seit vielen Jahren hält sie Vorträge und Kurse zu Gesundheitsthemen.

Cäcilia Höller ist nach einer Ausbildung in Hauswirtschaftslehre seit einigen Jahren als Köchin tätig. Sie hat sich dabei auf die Diät- und Vollwertküche spezialisiert.

Der Fotograf

Nikolaus Herrmann lebt und arbeitet in Hamburg. Nach seiner Ausbildung stand er vier Jahre im Fotostudio an der Seite von Arnold Zabert, dem großen Meister der Food-Fotografie. Seit 1992 fotografiert Nikolaus Herrmann im eigenen Studio in erster Linie Food und Stills.

Hinweis

Das vorliegende Buch ist sorgfältig erarbeitet worden. Dennoch sind alle Angaben ohne Gewähr. Weder Autorin noch Verlag können für eventuelle Nachteile oder Schäden, die aus den im Buch gemachten praktischen Hinweisen resultieren, eine Haftung übernehmen.

KAMUT, Kornschatz der Pharaonen ist ein eingetragenes, weltweit geschütztes Warenzeichen (Schutzmarke) der KAMUT Enterprises of Europe.
Weitere Informationen über Kamut: Mühle Kianek, A-2083 Pleissing http://www.mehl.at/mehl

Bildnachweis

Die Bilder auf den Seiten 8 und 9 stammen von Dr. Dipl.-Ing. Heinrich Grausgruber. Alle anderen Bilder sowie die Freisteller auf den Seiten 6, 7, 8, 9, 10, 11 und das Kochtipplogo stammen von Nikolaus Herrmann.

Danksagung

Die Autorinnen bedanken sich ganz herzlich bei allen, die zur Entstehung dieses Buches beigetragen haben: Herrn Michael Weber, der das Manuskript in eine lesbare Form gebracht hat, allen Mitarbeiterinnen des Reformhauses Gfrerer Salzburg, die fleißig gekocht und die Rezepte ausprobiert haben, Herrn Dr. Dipl.-Ing. Heinrich Grausgruber von der Universität für Bodenkultur in Wien, Herrn Fachlehrer Peter Wegmann von der Höheren Bundeslehranstalt für Fremdenverkehrsberufe in Bad Ischl und Frau Mag. Angelika Dworzak.

Impressum

Der Südwest Verlag ist ein Unternehmen der Verlagshaus Goethestraße GmbH & Co. KG
© 1999 Verlagshaus Goethestraße GmbH & Co. KG, München

Lektorat: Dorothea Steinbacher
Projektleitung: Martina Solter, Susanne Kirstein
Bildredaktion: Ute Schoenenburg
Foodfotografie: Nikolaus Herrmann
Foodstyling: Jenny Susannti
Umschlagbild: Kai Mewes
Produktion: Manfred Metzger (Leitung), Annette Aatz, Dr. Erika Weigele
Umschlag und Layout: Manuela Hutschenreiter
DTP: Maren Scherer

Printed in Germany

Gedruckt auf chlor- und säurearmem Papier

ISBN: 3-517-06007-0